Rufino José Cuervo y la lengua castellana; obra premiada y editada por la Academia Colombiana Volume 1

Fabo, Pedro, 1873-

Obras del mismo autor

El Doctor Navascués. Novela.
Discursos religiosos.
Restauración de la Provincia de la Candelaria.
Idiomas y Etnografía de la región oriental de Colombia.

EN PRENSA

Corazón de oro. Novela.

EN PREPARACION

Corazonadas poéticas. Versos.
Pétalos de novela. Cuentos.
Justicia. Novela.
Estudios de crítica literaria.
Historia de la Provincia de la Candelaria. (Dos volúmenes).

Rufino José Cuervo

y la lengua castellana

Fray PEDRO FABO, Agustino Recoleto

Rufino José Cuervo
y la lengua castellana

Obra premiada y editada por la
Academia Colombiana

MCMXII
Arboleda & Valencia
Bogotá

I

L IDIOMA DE CUERVO—ORIGEN DE ESTE IDIOMA. EL LATÍN—AURORA DEL CASTELLANO—PRIMERAS OBRAS EN CASTELLANO—AUTORES CONOCIDOS POR CUERVO—EL CLASICISMO—CUERVO Y LA ÉPOCA PRESENTE—ELOGIO AL INSIGNE COLOMBIANO.

Rufino José Cuervo y la lengua castellana

Cuervo podía decir: La lengua soy yo

PORQUE conoció y manejó el señor Cuervo a fondo y no someramente el idioma castellano, no tanto en la forma empírica, o sea en sus relaciones etimológicas, semánticas y gramaticales, sino también prácticamente, es decir, por medio de las obras didácticas y literarias que dio a luz, uniendo a la práctica la teoría y exhibiéndose con ello maestro en uno y otro respecto, bien se puede llamar lengua de Cuervo la que se ha llamado de Cervantes. De la misma manera, quien pretendiere estudiar a Cuervo, familiarizarse con él, conocer la profundidad de conocimientos que poseía, ha menester tender la mirada hasta la remota génesis de la lengua, porque de los documentos antiguos de nuestro romance sabía aun lo más peregrino y arrinconado, y no hay autor incunable que no fuese conocido por él, ni manuscrito importante que no hubiera caído bajo sus ojos. De donde se saca la gran necesidad de esbozar el desenvolvimiento de la lengua castellana desde su nacimiento hasta la muerte de su mejor cultivador, porque historiarla es historiar las obras del rey de la filología y sobre todo la obra del *Diccionario de Construcción y Régimen*, empedrado como está de textos de autores clásicos y anteclásicos.

Dícelo, entre otros, don Juan Valera, con estas palabras (1):

> Imposible me parece que. . . . le sobrasen tiempo y medios para leer, conocer á fondo y poder citar todo libro escrito en castellano desde la formación del lenguaje hasta ahora.

Aunque directamente no ha terciado Cuervo en el debate que versa sobre si la lengua castellana es un conglomerado de palabras latinas, árabes, celtas, góticas, hebreas y griegas, que iban dejando las diversas migraciones que se verificaron, al correr de los siglos, en la península ibérica, de la que desapareció el

---

(1) *Cartas Americanas*, serie 1 ª, página 149

idioma primitivo, o si, más bien, sobre éste que constituía la base y era órgano de los pueblos centrales fuéronse incorporando los múltiples vocablos y giros de que hoy se ufana el castellano, del propio modo que se conservó uno y refractario a las influencias extrañas el vascuence; no obstante escribió lo siguiente (1):

Dos clases de elementos figuran en nuestro idioma: unos representan la transformación normal y paulatina de las lenguas habladas por los pueblos cuya fusión produjo la nacionalidad española; otros, las agregaciones ocasionadas provenientes de las relaciones políticas, literarias ó comerciales que los han enlazado con otros pueblos. Los primeros forman el núcleo, el caudal de la lengua, al paso que los segundos llevan muchas veces el sello de la materia advenediza que no se ha acomodado de todo en todo á la norma existente.

La cuestión, por lo intrincada y de poco valor práctico, no mereció los honores de que fuese estudiada separadamente y de intento por Cuervo, pero en muchos pasajes de sus obras tráense datos para aclarar el verdadero origen de las palabras, de los cuales aprovechándose los venideros podrán ordenar muchos documentos con que dirimir la contienda que

---

(1) *Dicc.* Int. XVIII.

no dirimieron Manuel de la Revilla, Ticknor, Monlau, Aldrete, Mariana y otros. Algunos modernos, como Mir y Noguera, ya se aprovecharon de las disquisiciones de Cuervo.

Sarmiento opina que, divididas las palabras del castellano en 100 partes, 60 son de origen latino, 10 griegas, 10 góticas, 10 árabes, y 10 entre alemanas, francesas, italianas, etc.

Palabras celtas son, por ejemplo: baile, bragas, bosque, gato, galope, orgullo, plato, saco, taza.

Dice Mariana (1) que la lengua de Castilla posee muchos vocablos originarios de los godos, «entre éstos podemos contar los siguientes: tripas, caza, robar, yelmo, moza, bandera, harpa, juglar.»

Entre las voces judías, según el decir de varios autores, enumeraremos fariseo, jubileo, bolsa, cofre, mezquino, quintal, recua, zamarra, lo nuestro, lo firme, lo perfecto, etc.

Y del griego se entresacaron, cuando se fundaron las colonias griegas en la parte litoral de España, estas voces: rábano, órgano, zumo, agonía, cáliz, fama, máquina, sátira, muchacho, golfo, idea, giro, escarpín, blasfemia; así como hay autores que cuentan entre los giros y modos de decir griegos los siguientes:

---

(1) *Historia de España* Libro 5, Capítulo I

al rayar la luz, la del andar armonioso, con la pereza con que lo hizo, etc.

Parece que el árabe no nos dejó sufijo alguno; y de preposiciones heredamos solamente *hasta*. Por ventura provenga del árabe que nuestra lengua no tenga declinaciones propiamente dichas, y sí haya admitido el uso de los artículos; así como también el introducir la rima en el verso, cosa de que carece el latín, aunque en estos tiempos pase por válida la usanza de la rima, sea en la liturgia de la Iglesia, sea en la literatura profana. Cuánta haya sido la influencia arábiga en nuestro romance pruébalo hasta la saciedad el gran *Diccionario* de Dozy, donde constan las muchas palabras tomadas del árabe que pasan como españolas y portuguesas.

Respecto del vascuence, lamentaba don Rufino José, en la introducción de su *Diccionario*, que ninguno de los ingenios españoles se hubiera ocupado en estudiarlo comparativamente con el castellano, pues barruntaba que existían entre uno y otro no leves relaciones de consanguinidad literaria; y poco después se presentaba en la palestra, armado gran caballero, don Julio Cejador y Frauca demostrando lo que deseaba Cuervo y mucho más.

Lo que en este lugar queremos decir, habla el Padre Juan Mir y Noguera (1), por no enredarnos en inextricables laberintos, es que los españoles antiguos poseían idioma independiente, diverso del de otras naciones, con la conjugación de verbos no muy diferentes del latín, aunque sí lo era la forma de los tiempos, con el uso del infinitivo semejante al griego, mas no del todo, con modismos algo parecidos al hebreo, pero muchos desemejantes; sin casos de nombres ni griegos ni latinos; con artículos especiales, más allegados al árabe que al griego; con frases no debidas á ninguna gente; con vocablos tan peculiares, que no hay manera de prohijarlos á otra lengua sin negar la luz del sol.

No diremos si este meritísimo y fecundísimo autor da en el clavo; sea como fuere, no neguemos que el latín, hermano carnal del sánscrito, sea lengua madre del castellano, al cual le dio el alma, es decir, la sintaxis, como lo es del francés, del italiano, del provenzal, del válaco y del portugués que constituyen las seis dialectizaciones románicas.

Difícil nos parece se conservara vivo el idioma de un pueblo que estuvo dominado tres siglos por los godos, ocho siglos por los árabes, y más de seis por los romanos.

---

(1) *Prontuario de Hispanismo y Barbarismo.* Int II

La lengua ha de considerarse, dice Cuervo (1), como un conjunto de hechos que se explican históricamente y no ha de ofrecerse regla ni teoría que no represente hechos ó no se funde en hechos comprobados.

Roma imponía su lengua y religión a las naciones que conquistaba, y sábese que a España se las impuso, aunque a trueque de declarar ciudades y dar las preeminencias de tales a cien pueblos de la península, sin que valiera aquello de que el amor de la independencia solicitó el ánimo de los españoles a valerse de la religión juntamente con el patriotismo para aquilatar la lengua de Castilla; ni lo otro de Pedro de Alcántara García (2), quien enseña que «El arte literario reunió la fe religiosa, y el amor patrio constituyó su dogma.» A las conjeturas que traen los amigos de la existencia del castellano antes de las invasiones históricas sobre Iberia se opone el hecho positivo del establecimiento de la lengua latina en España, que no como colonia sino como provincia fue reputada por la Roma armipotente. Aun después, mucho después de la invasión de los bárbaros en el siglo V, el idioma oficial, el de las clases doctas y el de los escritores, era el del Lacio, a lo cual se adu-

---

(1) *Apuntaciones Críticas* Pról. V

(2) *Historia de la Literatura Española*. 1877. Lecc VIII, Cap. IX.

na que la Iglesia católica lo tomó y sacó de pila para enseñarlo al pueblo, siendo así poderosa auxiliadora de la penetración que la fe obró en las clases pecheras.

Que los vascos de hogaño sean los celtas de antaño, pase, porque no faltan pruebas; mas trabajo costará entroncar el castellano de hoy con el lenguaje que diz se hablaba antes de la dominación romana en las Castillas. Otro hecho canta claro que el lenguaje general de España fue el del Lacio. los bárbaros del norte, los godos y los visigodos, después de expulsar a los romanos de Hesperia, perdieron la suya por acomodarse al habla de los derrotados, sucediendo lo propio con la civilización árabe que se arraigó aquí; por donde se comprenderá aquella latinidad bárbara de los siglos góticos y arábigos con la marcada tendencia a dialectizarse la lengua, debido a las influencias de las diversas razas y de los diversos idiomas que entraban hasta en el riñón de las Castillas. Este es un apoyo histórico de la sentencia de Cuervo que dice (1):

Es imposible evitar la evolución fatal del lenguaje.

Pueblos que tenían elementos vitales de progreso, energías eficientes de cultura y disci-

---

(1) *Apuntaciones Críticas*, etc Prol V

plina en todos los ramos del saber, con mil tradiciones de raza por bagaje, muy pronto iniciaron corrientes de dialectización al ubicarse en la nación ibera, fueron aboliendo los *casos*, o sea menospreciaron la *declinación*, que es armoniosa pero de difícil mecanismo, hicieron que camparan las *preposiciones* y estrenaron los *artículos;* la voz pasiva del verbo eliminada quedó por la acción del hablar visigótico, pero hubo entonces necesidad de inventar los participios auxiliados con *habere* y *esse.* Para cuando los árabes triunfaron sobre los visigodos conocíanse ya algunos dialectos del latín, y fue entonces el risueño alborear del idioma castellano. Sobrevivió, con todo, por lo menos hasta fines del siglo IX, principalmente en lo oficial de la Iglesia y del Estado, el latín clásico, por esa especie de tendencia o instinto de conservación, que es ley en los seres racionales, de desear que nada vuelva a la nada.

La erudición que sobre la latinidad de esta época poseía Cuervo dejóla lucir a su sabor en las *Notas* con que enriqueció la *Gramática Castellana* de don Andrés Bello, en donde estudia varias faces y evoluciones de verbos y partículas, y muestra cómo se deformaba el latín: Hé aquí ejemplos de la edad media española: *Saepissime vero accidit, ut orando sive psallendo, ignitum vehementer eloquium Dei sentiens, repente totus ignescat. (Heberto. Año 1178, Esp. Sagr. 16-418). Et si isti pupulatores invenerint aliquem hominem in suo horto aut in sua vinea faciendo ei damnum....* (Fueros de San Vicente de Sosierra, año 1172. Llorente. *Prov. Vasc., 4-207), Iste habuit guerram cum cognato suo Rege Magno Fernando, et interfectus est ab illo in Támara preliando.* (Epitafio de Vermudo III, año 1037. *Esp. Sagr. 14-476). Fortunio, sciendum quod in Concilio deliberatum fuit de meo dato judicio, confirmat.* (Escritura del año 878. *Esp. Sagr.* 16-426).

Que Cuervo conocía la lengua de Castilla por modo completo vese principalmente en las disquisiciones de su *Diccionario.* Por eso pudo muy bien estampar estas palabras (1)

No sólo hemos deseado buscar cada voz en los documentos puramente castellanos, sino que hemos leído también instrumentos de la Edad media, en que, dejándose entrever la lucha entre el latín que se olvidaba y el romance que le vencía, aparecen los primeros testimonios de que la voz española ha logrado ahogar la voz latina en la memoria del Notario ó del copiante.

A partir del siglo X, en que comienza el balbucir de la que sería la más armoniosa de las lenguas, que tomó de la madre más de

---

(1) Int XLIII

seis mil voces radicales, se lee en la escritura de fundación del convento de Santa María de Obona: *Damus viginti modios de pane, et duas equas, et uno rocino et una mulla.* Más tarde, en una pieza del siglo X, que figura en los *Fueros* de Melgar, descúbrense los avances progresivos del romance castellano en cláusulas como ésta:

Mujer que enviddare fasta un año nonpose posadero en su casa a su pesar. . . et si la vidda se casare ante del año peche dos mrs en huesas al Señor. . . .

Mucha luz arroja sobre cuestiones de la formación de los idiomas neolatinos Monláu, que fue autor favorito de Cuervo.

Por lo que respecta a puntuación y acentuación, véase lo que nos revela don Rufino José citado por José S. Ortiz (1):

La puntuación actual es el resultado de una evolución lenta, que data del siglo XVI acá. El latín clásico no conocía otro signo distintivo que el punto, los humanistas del renacimiento y sus sucesores fijaron poco á poco lo que hoy se usa para esa lengua, y como ella era la lengua culta por excelencia, las romances y las otras la imitaron.

_____

(1) *Estudio sobre la construcción y puntuación de las cláusulas castellanas* Guayaquil, 1910

Dice Ramón Menéndez Pidal (1):

Este idioma hispano-romano, continuado en su natural evolución, es el mismo que apareció francamente divorciado del latín en el Poema del Cid, el mismo que perfeccionó Alfonso el Sabio, y substancialmente, el mismo que escribió Cervantes.

Dos fueron muy presto, además del castellano, los dialectos dominantes en España: el catalán y el gallego, los cuales luchaban y luchaban contra la lengua oficial, sancionada con tantos instrumentos públicos y por tantos siglos. La primacía del castellano débese a la posición geográfica de Castilla respecto de las otras regiones, y a que los cruzados de Francia e Italia dieron más importancia a este centro con sus visitas y por ende con sus modos de comunicación oral y escrita.

En antiguedad se gana la palma el documento romance conocido con el nombre de *Carta puebla*, de Avilés, por el año 1155; y el segundo y más perfecto es el *Poema del Cid*, en el siglo XII; al siglo XIII pertenecen el *Libro de Apolonio, Vida de Santa María Egipciaca* y *Los tres Reyes Magos;* escrito el primero en versos alejandrinos, es el más correcto de los tres por la calidad del metro, pero en antigüedad gánale, a lo que parece, el se-

---

(1) *Manual elemental de Gramática Histórica Española,* Cap I 2

gundo; como obra del siglo XIII corre el poema *Vida de San Millán*, con la particularidad de que es el primer hijo de padre conocido con certeza, por lo que rezan estos versos:

Gonzalo fue su nombre que fizo este tractado
En Sant Millan de Suso fue de ninnez criado
Natural de Berceo ond Sant Millan fue nado

Escribió siete u ocho composiciones más; entre ellas sobresale *El Duelo de la Virgen*.

Poeta inferior a Berceo fue su contemporáneo Juan Lorenzo Segura, clérigo, natural de Astorga, quien compuso *Libro de Alexandre*, a mediados del mismo siglo.

El castellano alcanzó sanción pública cuando Fernando III, el Santo, hízolo lengua oficial, a la que mandó traducir, en 1240, el *Fuero Juzgo*. Vino Alfonso X, el Sabio, y escribió, 1256, *Las Partidas,* fuera de *Cántigas, Tesoro, Querellas, Fuero Real,* que son el arca de la lengua castellana.

> El fue el primero de los Reyes de España, cuenta Mariana (1), que mandó que las cartas de ventas y contratos y instrumentos todos se celebrasen en lengua española. . .
> Con el mismo intento que los Sagrados Libros de la Biblia se tradujesen en lengua castellana.

---

(1) *Historia,* etc Lib 14, cap 7

La fusión de los reinos de Aragón y Castilla selló la victoria del castellano sobre los otros congéneres dialectos, y en el desarrollo y la brillantez del mismo, gran parte pusieron la Corte de Sancho IV de Castilla, hijo del Rey Sabio, la de Juan II de Castilla, la de Alfonso V de Aragón, la de Juan II de Navarra, y después la de Carlos V y la de Felipe II, el Prudente.

Cejador y Frauca (1) resume así la parte que de otras hablas guarda la castellana:

La primera capa está formada por términos provenzales, italianos, franceses, que, sobre todo desde el siglo XII trajeron á España las comunicaciones internacionales. De Italia, mayormente de Génova, vinieron gran muchedumbre de términos de marina; de Francia con el alud de Cluriacenses, cruzados y romeros, llegaron los demás, muchos debidos á las costumbres caballerescas y guerreras, que tenían su solar en el habla bajo-germánica de los francos, normandos y belgas. Algunos fueron producto de las instituciones medioevales, y como formados por clérigos y gente más ó menos leída tienen un colorido de bajo latín, ó sea de germánico y de latín á medias, que no se despinta.

Y de toda esta urdimbre y de tantas vicisitudes históricas nació una cosa pura, con-

---

(1) *La Lengua de Cervantes*, tit 1, Cap IV

cisa, dulce, elevada y rica, superior a todas las lenguas romances, a la que los germanos le dieron el alto concepto del honor; los franceses, la finura; los árabes, la imaginación y el ardor, y los italianos, la melodía y el arte. El Maestro Correas, allá en su tiempo, afirmaba (1):

> Y dado que concedamos que tenemos muchos vocablos latinos, como de otras lenguas, diremos que con muy justo título los tomamos, ó por haber sido nuestros, ó en trueco por los que los romanos hicieron olvidar con la fuerza de querer introducir los suyos, y su lengua que antes fue mezclada de otras naciones.

Es de notarse que los latinos formaban de los verbos, nombres; al contrario de la índole castellana, que suele formar los verbos de los nombres, y no de las otras partes de la oración. Por lo demás, la lengua patria fue adquiriendo esa fisonomía peculiar que la distingue de las otras, por su riqueza y complejidad sintáctica, por su modo racional de organizar la construcción flexiva de sus modos y tiempos de conjugación y la donosura y el embeleso de sus modismos, en que el tropo y el lenguaje figurado funcionan a qué quieres lengua. Surgió luego el primer reformador de la

---

(1) *Arte grande de la lengua castellana*, etc.

ortografía fónica en la persona de Nebrija;
Gonzalo Correas quiso emplear la k por la q;
Simón Abril la ı por la y; Fray Luis de León
abogó por las reformas que prescindían de las
exigencias reinantes de la etimología; con poderosa habilidad los grandes escritores de la
época apelaron a los neologismos, bien elegi-
dos, bien formados, fáciles, elegantes, ricos, y
vio el siglo XVI la figura literaria de Juan Manuel, que llenó toda la centuria con los doce
libros que escribió, siendo *El Conde Lucanor*
su obra maestra; y el arcipreste de Hita, Juan
Ruiz, inventando muchos metros y diez y seis
combinaciones, con siete mil versos, saleroso,
genuino español, aunque algo libre en sus *Can-*
tares y en el género llamado *Serranillas*, con
que culminó después ilustrísimo el marqués de
Santillana; fundador de la novela picaresca, la
encarnó en la figura legendaria de *Trotacon-*
ventos; y sigue el Rabbí Don Santob o Sen
Tob, agudo, suelto, ingenioso, que publicó *Sen-*
tencias morales en redondillas heptasílabas
la Danza de la Muerte y *Tratado de la Doc-*
trina; y florece en el mismo siglo Juan Juanes
con el *Poema del Conde Fernán González, Poe-*
ma de Alfonso XI, la *Visión de un ermitaño*
y el *Poema de San José;* y lanza al público
Pedro López de Ayala *El Reinado de Palacio*
y traduce *Décadas* de Tito Libio y *La Caída*
de los Príncipes de Bocaccio.

El siglo XV es el siglo del romance metrificado; pues aunque la poesía romancesca nació al nacer la lengua, pasó como erudita, impropia del pueblo hasta que los príncipes de la poesía la sacaron de mantillas y pañales; el arcipreste de Hita compuso no pocos romances para los ciegos, mendigos, juglares y gente villana. Esteban de Nájera imprimió su *Silva de Romances* en 1550, arsenal de la musa primitiva, donde se contienen dos mil romances históricos, picarescos, moriscos, caballerescos, etc.

Si bien es cierto que la *Danza de la Muerte,* ya citada, hecha en forma dialogada, forma el esbozo o inspiración informe del teatro español, y de las farsas y de los entremeses y de los Autos Sacramentales, es verdad de clavo pesado que en los principios del siglo XV aparecieron dos marqueses dialogando a lo teatral, el de Villena y el de Santillana; y siguió el diálogo pastoril de Mingo Revulgo, o sea *Coplas;* y *Diálogo entre el amor y un viejo* y aquella *Tragicomedia de Calisto* y *Melibea* o la *Celestina,* en veintiún actos, pieza muy primorosa, aunque un poquillo verde, de la cual se expresó Cervantes (1):

> *Libro en mi opinión divi*
> *Si encubriera más lo huma.*

---

(1) *El Quijote.* I parte. Cap. último.

Pero el teatro propiamente dicho no estaba formado. El verdadero fundador fue Juan de la Encina, en 1492, por medio de piezas que titulaba *Eglogas;* con sus coetáneos Lucas Fernández y Bartolomé de Torres Naharro, sacerdote muy docto, que escribió *Propaladia.* España rechazó el teatro griego y el romano y se inventó para sí y por sí uno propio. De modo que en los comienzos del siglo XVI reinó el drama en todo su real esplendor; y la poesía lírica y la épica, la novela y las crónicas, los libros de caballería y la mística, a manera de volcanes de hermosísimas luces derramaron sus resplandores por toda la península y más allá. Brotaron también las escuelas: la provenzal, sostenida por los perseguidos de Francia y refugiados en toda España y patrocinados por don Juan II; la alegórica, estatuída por Juan de Mena, y la didáctica por Fernán Pérez de Guzmán. Jorge Manrique, Hernán Pérez del Pulgar, Lope de Vega, los Argensolas, Calderón, Jáuregui, Ercilla, Tirso de Molina, Valbuena, Hojeda, los divinos Luises, San Juan de la Cruz, Santa Teresa, Pedro Malón de Chaide y otros mil y ciento, glorias son del habla castellana en sus formas dramática, satírica, épica y novelesca.

Todos estos autores, con sus múltiples obras, conocíalos al dedillo Rufino J. Cuervo, y con pluma en ristre pasó su vida anotándolos, copiándolos, compulsándolos y verificando citas y citas. De entre centenares de pruebas con que podríamos ejemplificar la erudición pasmosa de Cuervo sobre estos puntos, escogemos la que descubre hablando sobre el relativo *quien* en las *Notas* atrás citadas (1):

Los ejemplos auténticos más antiguos que tengo anotados de *quienes* son de Guevara: *Epist., fam. pet. I*, letra pará don Pedro de Acuña (fol. 45, Zaragoza, 1543); *Césares prol.* y Menospre., Cap. X (fol. 140, Valladolid, 1545). Los de obras anteriores que cita Gessner (*Zeitschrift für romanische Philologie*, XVIII, p. 453), dejándose llevar de su fe ciega en la Biblioteca de Rivadeneira, son más que dudosos: el de la *Celestina* (fin del acto XVIII: R. 3.68) sospecho fue tomado por Amarita de la edición de Venecia, 1553, donde efectivamente se halla, pero no en las anteriores y posteriores que he podido consultar (v. gr. Venecia, 1534, Amberes, 1539 y 1595, Toledo, 1573, Salamanca, 1590); el de Pulgar, *Letras*, XIV (R. 13.48, copiado de la edición de Madrid, 1789, y éste de la de 1775), lleva *quien* en las de Zamora, 1543, y Alcalá de Henares, 1524, lo mismo que en el razonamiento de la Crónica de los Reyes católicos, Cap. LXXIX (p. 143, Valencia, 1780); el de la Crónica de Juan I no tiene más garantía

---

(1) Nota 59.

que la de los editores del siglo pasado, pues
el pasaje falta en la edición príncipe de 1495;
en el del Poema de Fernán González, 239,
dice *quien* la edición con frecuencia más exac-
ta de Gallardo, Ensayo I, col 776

Desde mediados del siglo XVI van menudeando
los ejemplos hasta la edad de Cervantes:
por ejemplo Zapata, *Carlo Magno*, fol. 149,
V°(Valencia, 1566); Estella, *Vanidad del Mundo*, pte II fol. 117 V.° (1584, por Manuel de
Lyra); Antonio Pérez, *Relaciones*, p 3, París,
1598), Pinciano, *Pelayo*, Prol. y fol. 78 (Madrid, 1605); Mariana, Hist. Esp. I pág. 117
(Madrid 1608); Márquez, *Gobern crist* pág
301 (Pamplona, 1615). Jiménez Patón en su
gramática (1614) después de advertir que
son invariables *que* y *quien*, añade que algunos dan plural a éste. . .

Pero lo que es más, Cuervo revisó muchos
más autores de los que se citan en el *Diccionario de Autoridades* de la Academia, y por
eso en los dos tomos de su *Diccionario de
construcción y régimen* y en las papeletas que
tiene para los siguientes volúmenes, trae multitud que pasan desconocidos y que en su mayoría pertenecen al clero de los siglos de oro,
tales como los notables oradores del siglo de
Felipe III, que se llamaron Jesús María, Le-
desma, Cabrera; dialoguistas sagrados, como
Pineda, Gallo, Medina; epistolistas, como Fran-

cés y Nieremberg; cronistas, como Navarro
y Salazar; historiadores, como Castillo, Godoy,
Palma, Mendoza; panegiristas, como Avenda-
ño y Nájera; místicos, como Salmerón y La
Figuera, y Abril, y Laínez, y Fonseca; confe-
rencistas, como Cruz, Fernández, Arnaya; mo-
ralistas, como Carranza, Corella, Salas. Frai-
les y curas son éstos, sabidos y clásicos, de
los que la trompeta de la fama nada o poco
ha dicho, y que serán conocidos cuando el
Diccionario de Cuervo se publique por entero.

Pues ¿no leyó también a no pocas damas
españolas del tiempo de los Reyes católicos,
como Juana de Contreras, Beatriz de Galindo,
Lucía de Medrano, Francisca de Nebrija, Isabel de Vergara, quienes ayudaron a los humanistas en la versión de los libros de Apu-
leyo, Plutarco, Salustio, Virgilio, Julio César y
Boecio? En todos estos autores halló el doctor Cuervo, real y verdadera, la gloria del castellano que informa su *Diccionario*, y con razón, a juzgar por lo que van diciendo los que
siguieron las huellas de este filólogo dándose
a la lectura de tales obras, pues se acuestan
con la mismísima opinión sobre la bondad de
ellas. Oigamos al Padre Juan Mir y Noguera
(1) que habla del agustino Vega, del francis-
cano Pineda y del dominico Cabrera en estos
términos:

(1) *Obra citada.* Intr. XI.

> Los sermones del Padre Alonso de Cabrera,
> los diálogos del Padre Juan de Pineda, los
> Salmos penitenciales del Padre Pedro de la
> Vega, son tres obras clásicas de tal calidad,
> que cada una de por sí es poderosa para se-
> pultar en oscuridad el ingenio, el estilo, el
> lenguaje del autor del Quijote. . . . Son tres
> magníficos aparadores donde la majestad del
> idioma resplandece en toda su grandeza

Después añade que cada una de estas obras
vale más que todas las de Cervantes juntas.

No debe creerse, sin embargo, que todos
los autores que cita Cuervo son en todo y por
todo citables, ya que anduvo escogiendo los
giros que a su propósito hacían, dejando aparte los solecismos impropios, los arcaísmos y
las viciadas maneras de régimen que por las
páginas de los seudoclásicos retoñan a flor de
tierra, y más aún los latinismos de que se
enorgullecen. El imperio del latín era tiránico
por extremo; en latín se escribían las obras y
los tratados de meollo, y de la lengua romance
se valían para los argumentos de poco más o
menos; así tanto, que Fray Luis de León pretendió divorciar el castellano idioma del latino y ennoblecerlo escribiendo los *Nombres de
Cristo* en romance, cosa que le afeaban los
contemporáneos; por eso exclama (1):

---

(1) *Libro tercero*

El cual camino quise yo abrir. . . . para que los que tienen fuerzas se animen á tratar de aquí adelante su lengua, como los sabios y elocuentes pasados trataron las suyas y para que la igualen con las lenguas mejores, á las cuales, según mi juicio, vence ella en otras muchas virtudes.

De este modo la enriquecieron y caracterizaron Fray Luis de León y Mariana, como doctos, con voces eruditas tomadas de distintas lenguas, Santa Teresa, toda sencillez, escribiendo como hablaba, es decir, siendo una Sancho Panza culta y despierta, y Fray Luis de Granada, que representa la discreción del lenguaje, guardando un término medio entre la erudición de los primeros y el desenfado de la última.

Fue en estos tiempos cuando pimpolleció profusamente el habla de Castilla, y cuando los franceses escribían gramáticas castellano-francesas, pongo por caso, las de César Oudin, Madame Passier, Loubassyn de la Marque, Joan de Noie, Trigni y otras para admirar las bellezas de nuestra lengua, que era el embeleso de las naciones (1).

Apelamos al testimonio de D'Alembert (2), quien, nada sospechoso de parcialidad, panegiriza así lo que tenemos dicho:

(1) Véase Pellicer en *Ensayo de una Biblioteca de traductores.*

(2) *Des Mélanges sur l'armonie des langues.* F. V.

*Une langue qui aurait, comme l'espagnol, un heu-
reux mélange de voyelles et de consonnes dou-
ces et sonores, serait peut-etre la plus har-
moniese de toutes les langues vivantes et mo-
dernes.*

Y si queremos un testimonio de casa, hable
con su énfasis acostumbrado Malón de Chaide (1):

Es tan abundante que ni en serlo, ni en tener
galanos frasis y suavidad, y muy cortados
y propísimos términos para todo cuanto ha
de decir, no tiene envidia á la lengua griega,
ni latina, ni italiana; ni tiene necesidad de men-
digar estilo ni términos, ni compostura, ni
gala, ni otra cosa de sus vecinos, pues ella
por sí sola basta y sobra.

Con todo y ser verdad de a puño que la opu-
lencia de la lengua llegó a su auge en el siglo XVII, o de oro, pero el estilo no, en muchos autores, queremos decir no en todos,
supuesto que solían repetir los incisos con la
y, metían períodos sin orden ni lógica, abusa-
ban de las repeticiones de los verbos ser, tener,
haber, en una misma cláusula, pareaban los
adjetivos y epítetos, muchas veces innecesarios,
retorcían las oraciones con hipérbaton latinesco,
y otros defectos al símil. Hubo autores no obs-

_____

(1) *La Conversion de la Magdalena* Prol

tante, que escribieron sin estas faltas y con muy acrisolado gusto, legando sus haberes clásicos a los escritores del siglo siguiente, que se llamaron Calixto Enarcega, Isidoro Francisco Andrés, Juan Bautista Lanuza, Juan de Molina, Francisco Escuder, con Garcés, Hervás, Flórez y Sarmiento. A Feijoo, Isla y Ayala, perdonándoles venialidades de estilo y lenguaje, los reputaremos como los reputó Cuervo, maestros del buen decir. Es que lo clásico y lo de casta han resultado siempre y resultan negocio de difícil cuenta. Sobre este propósito indica don Rufino J. razones aplicables a todos los tiempos (1):

> El sabor antiguo, que los modernos pueden y deben dar á sus obras, no es otro que el sabor castizo que proviene de beber sus expresiones en la madre misma de la lengua, esquivando lo extraño y forastero. Por este camino se acercarán á los grandes escritores de las épocas pasadas.

Irrupción de galicismos sufrió nuestra lengua en este siglo, y más bajo el reinado de Carlos IV, de tal forma, que los primores de estilo y de lenguaje íbanse desluciendo con premura, pero no faltaron quienes siguieron las castizas huellas de sus antecesores y reac-

---

(1) *Diccionario*, etc. Int. pág. XXXIV.

cionaran con provecho, sobre todo desde que
se hizo sentir la misión de la Real Academia,
creada en 1713 bajo la dirección del marqués
de Villena.

Hase exagerado mucho la decadencia que
tuvo el castellano a fines del siglo XVIII y
principios del siglo XIX, y en tiempos que la
cuestión batallona de las Américas era el eman-
ciparse políticamente de la metrópoli; conse-
guido esto, algunos quisieron desvincularse aun
de los lazos intelectuales y literarios, y acu-
dieron a Francia mendigando literaturas des-
castadas so pretexto de que en España no había
nada de bueno, ni aun escritores. Cuervo ha
probado que los había muy buenos, y lo ha
de probar más y mejor cuando salgan a luz
los millares de citas que recogió de publicaciones pertenecientes a las susodichas centu-
rias, como son los textos de Mayáns, Cadal-
so, Meléndez, Capmany, Jovellanos, Quintana,
Moratín, Iriarte, Cienfuegos, Carvajal, Lista,
Zárate, Bretón, Rivas, Martínez de la Rosa,
Mesonero y otros. Porque en el decurso de
estas páginas citaremos autores y obras que
comprueban lo propio, no los enumeramos aquí;
sólo Cuervo bastaría por sí solo para trasmi-
tir y perpetuar las tradiciones y glorias de toda
la lengua desde su génesis romano-arábiga
hasta su reflorecimiento actual: él conoció toda
la literatura, se compenetró de ella y la ex-

presó victoriosamente en sus obras por medio de lugares, citas ajenas y por medio de páginas propias que son el complemento del buen decir y el promedio entre el lenguaje clásico del siglo de oro y el lenguaje de oro de los clásicos de hoy.

Conocía—dice un panegirista suyo que en seguida volvemos á citar—la literatura española, no sólo en sus líneas generales, sino hasta en sus recónditos detalles eruditos, de tal manera que, después de Menéndez y Pelayo, nadie sabría historiarla con mayor conocimiento de causa y más alto sentido estético.

Creemos que la salvedad se refiere no a la crítica filológica, sino a la estética o literaria.

En la junta pública y solemne que la Academia colombiana celebró como tributo de homenaje al difunto Cuervo, el 2 de Octubre de 1911, pronunció un discurso el atildado Gómez Restrepo, y en la página final estampó, a modo de corona, este elogio de la lengua castellana:

Pidió plaza para ella en el palenque medioeval el rapsoda desconocido que embocó la broncínea trompa épica en honor del Cid; la sentó Alfonso décimo en el tribunal de la justicia y en el solio de la sabiduría, para que dictara leyes y sentencias que aun viven, no grabadas en bronce, sino defendidas con-

tra el tiempo por el grave hechizo de una
lengua patriarcal; construyó con ella el arcipreste de Hita su humorístico laberinto de
aventuras, cuentos y amoríos, por donde aso-
man, como en las cornisas de las catedrales
góticas, monstruos risueños, emblema de las
fuerzas primarias de la naturaleza; la hizo subir
Jorge Manrique, como mansa espiral de incien-
so, desde los abismos del dolor humano hasta
las serenas regiones de la esperanza en la
inmortalidad; diole toques de blandura italiana Garcilaso; y Fray Luis de León le hizo
sentir la dulzura de la contemplación cam-
pestre y la música de las esferas; la baña-
ron los novelistas en las fuentes turbias, pero
vigorizantes, de la vida popular, baño que
la enriqueció de sales y agudezas y le dio
cierto desgarro picaresco, que contrasta con
la cortesana elegancia de los políticos y mo-
ralistas, de un Guevara ó un Saavedra; la
pusieron los místicos en la fragua del amor
divino y corrió en ríos de oro, que derritie-
ron las piedras y consumieron los corazones;
la envolvieron Hurtado de Mendoza, Melo
y Mariana en los *paños reales* y *curiales* de
que habló Maquiavelo; la llevó al teatro
Calderón, y expresó en ella los sutiles conceptos teológicos de sus *Autos sacramentales*, «todos de oro y estrellas,» según la expresión de Shelley, y Cervantes dilató sus
dominios imperiales hasta hacerla capaz de
representar el drama completo de la vida.

En estos párrafos más admiramos la idea original del académico que colocó sobre las sienes de Rufino José la diadema de la lengua, que la maestría con que lo hizo.

Verdaderamente, Cuervo podía decir: La lengua soy yo.

II

PREDECESORES DE CUERVO—ESCRITORES DE LA
ÉPOCA COLONIAL Y DE LA REPUBLICANA—CUL-
TURA INTELECTUAL DE COLOMBIA—GRAMÁ-
TICOS Y LEXICÓGRAFOS—DIVERSOS MÉTODOS
Y ESCUELAS—ESCUELA DE BELLO—NEOGRA-
FÍA—LA ACADEMIA COLOMBIANA—MÁS BI-
BLIOGRAFÍA—FUNCIONES DE LA GRAMÁTICA.
FRUTO DE LA GRAMÁTICA EN COLOMBIA.

LO escrito hasta ahora forma una como plaza enjardinada en que colocaremos la figura del sabio y virtuoso colombiano que sostiene en la diestra el pendón de la lengua bordado en oro. Y puesto caso que hemos visto algunos de los materiales de que se valió para habérselas ante el mundo como rey de las disciplinas filológicas, tócanos en seguida estudiar a los antecesores que prepararon hermosos bloques de ciencia en la patria que meció la cuna de Cuervo, y también a los sucesores o hijos intelectuales. Por cierto que muy bien podíamos resumir en este capítulo la gloria de todos los escritores colombianos que le precedieron, y sacar a plaza a los historiadores, cronistas, dramaturgos, ascéticos, poetas, oradores, naturalistas y otros géneros de operarios que glorificaron a Colombia con su muchísimo caudal de escritos, en atención a que cultivó Cuervo casi todos los ramos del saber, desde la poesía, publicando algunos ensayos reveladores de sus entretenimientos mociles, hasta la botánica y la geología, como puede verse en muchas notas y observaciones marginales que puso a cierto libro de historia natural que guardan manos enamoradas de tan rica curiosidad bibliográfica, y en la nomenclatura técnica con que habla de la flora y la fauna colombianas y de las exóticas, cuando nombra algún objeto en sus *Apuntaciones* y en otros escritos; empero, no habremos de abarcar el estudio de todo linaje de autores, sino será razón que concretemos el registro crítico bibliográfico a la época de la república y únicamente a aquel ramo de humanidades llamado gramatología y lexicografía, sin excluir las obras de lenguas forasteras en relación con la nuestra, una vez que en estas materias culminó la cultura del doctor Cuervo hasta el punto de no permitir que compartiese con él la hegemonía y el mayorazgo nadie.

Y ¡con cuánta pena renunciamos a un plan más amplio, y cómo se nos vuelve la boca agua al pensar en ese inmenso tesoro de noticias literarias que Vergara y Vergara y Laverde Amaya nos brindan en su *Historia* y en su *Bibliografía!* El sentimiento patrio se resiente en verdad; mas, dejando a un lado la erudición del primero, cuyas notas críticas alcanzan tan sólo hasta los comienzos de la república, y dejando también los muchos apuntes generales bio-bibliográficos que el segundo trae, sumarísimamente recontaremos los autores de gramáticas, artes, tratados, diccionarios, vocabularios, etc., que en la biblioteca nacional vimos y en otras bibliotecas, para que así resalte la fecunda y múltiple labor de los antecesores de Cuervo, y cuál los superó éste, y cómo el espíritu de la lengua se encarnó en él y se manifestó con supremacía maravillosa por todo extremo. Quédese, pues, con Dios, el más antiguo cuanto fecundo y universal ingenio colombiano a quien apellidaron *biblioteca animada* los contemporáneos, Fray Andrés de San Nicolás, Agustino recoleto, historiógrafo, poeta, poligloto, geógrafo, orador, místico, que publicó ocho voluminosas obras, y dejó inéditas varias, y que, como Cuervo, hubo de salir de Colombia y manifestarse en Europa, por ser teatro propicio a la riqueza de su sabiduría; duerma en el sosiego de las bibliotecas el Padre Lugo, fundador de la filología indígena colombiana con el sabio cortejo de gramáticos y vocabularistas, que, ordenados por Ezequiel Uricoechea, suministraron a don Rufino José veneros sobre manera ricos para indagar la procedencia de muchas voces que campean en las *Apuntaciones crí-*

ticas; nada diremos del esclarecido hijo de Bogotá, Piedrahita, que metodizó el género historial y acaudilló a Zamora, Oviedo, Acosta, Restrepo, Groot, adalides de la Historia en que Cuervo realizó averiguaciones magníficas; pasemos de largo, pero hagamos respetuosa venia ante la Madre Francisca Josefa del Castillo y Guevara, dama bogotana que en cierto monasterio de Tunja produjo un libro que contiene su autobiografía, y otro con el nombre de *Sentimientos espirituales*, de cuya bondad afirmó Menéndez y Pelayo estos encomiásticos conceptos (1):

> Escribió en prosa digna del siglo XVI una relación de su vida por mandato de sus confesores, y un libro de sentimientos espirituales que vienen á ser primoroso mosaico de textos de las Sagradas Escrituras. Dos romancillos intercala, no tan felices como la prosa, pero de la misma tradición y escuela.

Rindamos acato también a los manes de Zea, Nariño y Torres, porque con buenas intenciones alimentaron el propósito de independencia en obsequio de una idea de vasta política internacional; digamos adiós, de paso, a Caldas, porque recogió los laureles de sus antecesores Vergara y Caicedo, Cozar y Cua-

---

(1) *Antología de poetas hispanoamericanos.* Tomo III. Colombia.

nienta, Vezga, de la Isla, Duquesne, y porque
con Lozano, Valenzuela y Camacho Matiz, as-
trónomos, matemáticos, comentadores de las
ciencias físicas y naturales, supo auparse al
cielo de la fama; de aquellos primeros cultivadores del teatro nacional, Fernández Madrid,
Vargas Tejada, José María Royo, José Manuel
Lleras, Carlos Posada, José Joaquín Ortiz, José
María Samper, Felipe Pérez tampoco citaremos
las obras; ni de los trabajos de los poetas y
literatos que ya duermen el sueño de la gloria en el Parnaso, arrullados por los siete co-
ros de musas, haremos el recuento, y de quienes aseveró el mismísimo Juan Valera (1) al
ver el *Parnaso colombiano* de Julio Añez: «Es
un dechado de buen decir y fehaciente documento de la civilización del pueblo donde tales
poetas hay, y del arte, magisterio y esmerado
tino con que maneja el habla, instrumento de
la poesía;» ni tampoco del seminario ni de
los conventos de religiosos, emporios de las
ciencias eclesiásticas y profanas, ni menos de
los hijos, muchos y sapientísimos, que produ-
jeron las aulas de San Bartolomé, del Rosario,
de San Buenaventura y de la Universidad de
Santa Fe, que atraían la juventud estudiosa de
Quito, Caracas, Lima y aun de Buenos Aires.

---

(1) *Cartas americanas,* página 149, serie 1

Toda esta muchedumbre de escritores fue lo que acreditó a Colombia ante el mundo como país de ejecutorias muy eruditas; y por eso Alejandro de Humboldt (1) que lo visitó a principios del año 1801 quedó asombrado luego como viese tanta ciencia encarnada principalmente en los miembros de la Expedición botánica, la cual contaba ya diez y seis años de trabajo, y no vaciló en escribir de Popayán a Mutis, a aquel gran Mutis, de quien dijo Linneo: *Nomen inmortale quod nulla aetas unquan delebit*, que había observado en aquella ciudad «una efervescencia intelectual que no era conocida en 1760, deseo de poseer libros, y de conocer los nombres de los hombres célebres.» De la afición al gay saber, allá en 1752, llegó a decir Murillo Velarde (2):

El don de la poesía es ingénito en los bogotanos.

Y refiriéndose a las artes liberales afirmaba E. Reclus (3):

El Continente americano se jacta de tener varias Atenas, entre ellas dos principales: Buenosaires y Bogotá.

---

(1) Citado por Vergara y Vergara, *Historia*, Capítulo XIII.

(2) *Revue des deux mondes*. Febrero de 1864.

(3) *Geografía histórica*. T. IX; pág. 224.

Lo cual se confirma y explica con aquel generoso texto de Cuervo que, tratando de defender a España contra los ataques hechos a su sistema colonizador, asegura así (1):

Ninguna de las colonias carecía de un colegio ó universidad dotada de biblioteca que diariamente se enriquecía con obras valiosas y provista las más de las veces de instrumentos científicos.

No hay duda sino que los colombianos florecieron y florecen todavía muy principalmente en el ramo de humanidades en que floreció don Rufino José. A Colombia hásele llamado país de los gramáticos, y «la gramática según Quintiliano, citado por la Academia española, es necesaria a los niños, agradable a los viejos, dulce compañera en la soledad, y entre todos los estudios el que tiene más trabajo que lucimiento.» Por eso escribió F. Schlegel (2):

Considero el cultivo cuidadoso de la lengua patria como sagrado deber en todo tiempo, é importantísimo privilegio de las altas clases sociales.... una nación, cuya lengua se torna ruda y bárbara, está amenazada de barbarizarse ella misma por completo.

El cultivo de la gramática significó, en la edad de hierro de los romanos, decadencia, pero

---

(1) *Vida de Rufino Cuervo,* etc , introd
(2) *Historia de la literatura,* Lecc X

ahora denota renacimiento de la vida pública a mejores destinos. Esta es observación de Marsh.

Vamos a ver, pues, cuál ha sido la labor de los colombianos a este propósito, y cómo Colombia, por lo mismo, está llamada a ser cultísima nación, cuya gloria se epilogó en Cuervo.

Por los fueros de la justicia distributiva, declaramos que muchos datos nos fueron suministrados por Vergara y Vergara, Uricoechea, Arrázola y Laverde Amaya; y si se nos dijere que es árido el procedimiento de describir bibliográficamente tan sólo las obras, parécenos no cabe otro, so pena de descaminarnos del principal intento. Comencemos.

El Nuevo Salvá o Gramática española, por don Antonio Benedetti. Nueva York, 1811. Fue escrita en Cartagena; la acomodó el autor al sistema de la gramática inglesa de R. C. Smith; libro de grande acogida en toda la república, sobre todo, por los ejercicios de análisis que le introdujo, lo cual era original innovación.

Gramática latina publicada para el uso de principiantes, con algunas advertencias para su enseñanza, por el doctor don Manuel de Pombo. Madrid, 1821. En Bogotá se escribió durante el tiempo que el autor funcionó como Ministro contador de la Casa de Moneda. Se reimprimió en Bogotá, año 1825, y la adoptó el Gobierno civil en 1826 como texto de enseñanza. Año 1872 se volvió a imprimir en Popayán.

Gramática y Ortografía de la lengua caste-llana para el uso de los niños y de las escue-las de primeras letras del Departamento del Cauca, por un amigo de la buena educación. Bogotá, 1826. Tiene por autor a Santiago Arro-yo y lleva prólogo fechado en Popayán; ofre-ce el mérito de ser compendio de la gramá-tica de la Academia española, hecho con in-genio y claridad.

Elementos de Gramática latina, redactados para la juventud que se educa en el Colegio ma-yor del Rosario de Bogotá, por don Juan Fer-nández de Sotomayor y Picón. Bogotá, 1830. El autor fue sacerdote, rector del Colegio, des-pués obispo de Cartagena donde nació, y combi-nó discretamente el latín con el castellano como recíprocos auxiliares.

Gramática castellana, por E. F. C. Panamá, 1836

Gramática francesa, reducida a un curso de veintidós lecciones seguida de sus respectivos temas, destinada al uso de la juventud gra-nadina, por Antonio Benedetti. Cartagena, 1837. Calcada esta obra didáctica en el procedimiento que usó José de Urcullu para la enseñanza del inglés, trae algunos conocimientos sobre el cas-tellano, pero de modo incidental y ligero.

Catecismo de Ortografía castellana, por Va-lentín. Bogotá, 1837.

Elementos de Gramática castellana.... dispuestos en forma de diálogos. Santa Marta. En 1838, reimpresión por Antonio Locarno.

Nuevo epítome de Gramática castellana, por Luis de Mata y Araújo. 1838. Bogotá.

En nuestro afán de recoger notas bibliográficas, gran alborozo experimentamos cuando topamos en la biblioteca nacional de Bogotá con un cuaderno, cuya descripción es la siguiente: *Reglamento para la Sociedad filológica.* Bogotá, 1831. Leímos con avidez:

Art. 1.º Los individuos que subscriben este Reglamento forman una Sociedad bajo el nombre de Federación filológica fundamental.

Art. 29—La Sociedad cultivará todas las ciencias y para verificarlo se dividirá en cuatro grandes secciones, de la manera siguiente:

1.ª De las ciencias exactas, físicas y naturales.

2.ª De la literatura en particular.

3.ª De las ciencias médicas.

4.ª De jurisprudencia civil y canónica y de la legislación en todos los ramos . . . .

Art. 32—Habrá además una 5.ª Sección de Beneficencia para cultivar las materias siguientes :

1 Agricultura.

2 Policía particular.

3 Higiene particular.

4 Enseñanza pública.

5 Estudio para la mejora de establecimientos públicos.

Funcionaría la Sociedad en Pasto, y firmaban el Reglamento cuarenta y tres individuos, entre ellos el General José Hilario López.

Como se ve, tal documento revela la noción tan peregrina que se tenía entonces en Colombia sobre la filología. Disculpables son los miembros de esta Sociedad, pues hoy mismo los técnicos establecen sutilezas entre filología y lingüística, y entre escuelas alemanas y francesas que es un primor.

Chasco semejante nos llevamos cuando conseguimos para este estudio, tras no pequeña brega, *Verbos y Gerundios* por el grande hablista y lexicógrafo Ricardo Palma. Abrimos el libro, y así nos desengañó el prologuista:

Verbos y Gerundios no es un catecismo de gramática para la escuela, sino un precioso tomito del simpático escritor peruano Ricardo Palma

Por cierto que no nos arrepentimos de leerlos, pues son versos ligeros como alas de golondrina, epigramáticos, y una filigrana de estilo castizo.

Después de la obra precitada de Mata y Araújo en 1838 vienen las reformas que se implantaron en la enseñanza pública por decretos dictados, en 1842 y 1844, por Mariano Ospina, quien siendo Secretario de Estado dispuso el *Plan de estudios*, de modo que se adoptaron oficialmente las doctrinas de Salvá y se resucitaron las prácticas de 1822, conviene a saber, el aprendizaje de tablas y ejercicios de lectura, de gramática, etc.; tablas y cuadros que se editaron en París por el año de 1845.

Salvá reformado ó Compendio de la Gramática castellana de don Vicente Salvá, arreglado para el uso de las escuelas y reformado, con aprobación de la Dirección general de Instrucción pública de la Nueva Granada, por don Ulpiano González, hijo de Bogotá. Bogotá, 1846. Tratado brevísimo en forma de preguntas y respuestas. Nótese aquí que el Estado interviene en la edición de los libros.

Lecciones de Gramática castellana arregladas al método de enseñanza mutua, aprobadas por la Dirección general de Instrucción pública y mandadas enseñar en las escuelas de la Nueva Granada, por José María Triana. Bogotá, 1846. Esta obra vale más bien como pedagógica y destinada a los maestros, a quienes enseña a enseñar los rudimentos gramaticales. Trae también las tablas y los cuadros supracitados.

Nuevo curso práctico, analítico, teórico y sintético de Lengua francesa, según el método de Robertson, por Benedetti. Cartagena, 1846. Este incansable autor colombiano acude a todos los procedimientos para el provecho del público y según los consejos de la práctica: recuérdese que en otro libro empleó el método de Urcullu.

Nuevo Catecismo de Gramática española, o Extracto metódico y compendiado del Nuevo Salvá, por el doctor Mauricio Verbel. Cartagena, 1847. Se compendia el trabajo de Benedetti, y se añade algo nuevo.

Nueva Cartilla de la lengua castellana y de la Doctrina cristiana. Bogotá, 1847. Distinta de la que cita con el mismo título Arrázola.

Observaciones curiosas sobre la lengua castellana, o sea Manual práctico de la gramática de dicha lengua, por don Ulpiano González. Bogotá, 1848. En la introducción nos dice el mismo González:

> Para la formación de este libro he consultado las gramáticas de Salvá, Martínez López, Principios de Ortología, Prosodia y Métrica de Bello y el Diccionario de la Academia Española.

De lo cual se sacará que quedó establecido un modo de eclecticismo gramatical rompiéndose las ataduras del empirismo que inspiraran las doctrinas de Salvá. Salvá había predominado sobre las enseñanzas de la Gramática de la Academia Española, quizá debido a que la república deseaba entonces sacudir todo yugo español, y se acomodaba mejor a los gustos de un particular que influyó muy mucho en nuestra literatura. Por lo demás tiene fundamento histórico aquel dicho de don Juan María Gutiérrez citado por M. A. Caro (1):

La excesiva devoción á la gramática de nuestros abuelos en nada perjudica los arranques audaces de patriotismo republicano ni á la libertad de las ideas.

Será cosa de señalar que dicha gramática de González termina con un *Cuadro de errores*, errores del pueblo, a los que contrapone la corrección. Hé aquí el precursor colombiano más antiguo de las *Apuntaciones críticas*.

Principios de Métrica por E. S. (Eduardo Salazar). Santa Marta, 1849. Léese en el *Exordio* que figuran en este tratado doctrinas de varios literatos, principalmente del señor Andrés Bello y de don Francisco Martínez de la Rosa.

Reflexiones sobre el verbo castellano, por Domingo Peña. Bogotá, 1849.

Prolegómenos que para el uso de los alumnos del Instituto de Barranquilla ha compilado su Director el doctor Manuel Antonio Salgado. Santa Marta, 1849.

Nuevo curso de inglés, hecho para los franceses y acomodado al español, por don Pedro J. Rojas. Nueva York, 1850.

Compendio de la Gramática castellana por un granadino (Santiago Pérez). Bogotá, 1853.

---

(1) *Americanismo en el lenguaje.* Rep. Col., t. I.

Un factor nuevo media en esta obra, a saber: además de las influencias de Salvá, Bello y Martínez López, figuran las de Sicilia. Sabido es que Mariano José Sicilia, benemérito autor de *Lecciones elementales de Ortología y Prosodia*, influyó mucho en España, desde el año de 1827 en que las publicó; influencias que llegaron también a Colombia.

Compendio de la Gramática castellana de don Vicente Salvá, corregido y aumentado con vistas de otras gramáticas, por el doctor Juan A. Salazar y Morales. Bogotá, 1856. Otro ensayo ecléctico. Añade de suyo el autor observaciones de no poca cuenta. Para el año de 1865 llevaba ya tres ediciones la obra. Por este tiempo privaba en toda la república una obrita del venezolano Juan Vicente González, por el estilo de la de Salazar y Morales.

Ortografía razonada de la lengua hispanoamericana. Bogotá, 1857. Es de autor desconocido, y no deja de tener su poquillo de malicia esto de llamar a la castellana lengua hispanoamericana.

Sinónimos de la lengua castellana por Rafael Gutiérrez. Bogotá, 1857.

Sinónimos de la lengua castellana, según las diferencias de ellos establecidas por Olive y Pelegrín en su Diccionario y por Huerta en su Ensayo, por Rafael Gutiérrez. Bogotá, 1858.

Compendio de los modos de hacer oraciones para los estudiantes de la Compañia de Jesús. Bogotá, 1858.

Análisis lógico de la preposición, por Mauricio Verbel. Bogotá, 1858.

Arte de construcción latina, por Pedro Masústegui. Bogotá, 1859. Viene a ser reproducción compendiada y metódica de otro Arte que se publicó en 1784.

Un año antes se publicó:

Elementos de la Gramática castellana para la enseñanza de la juventud, por don Zoilo Villar. Socorro, 1858. Contiene las enseñanzas de la Academia, las de Salvá y las de Martínez López, pero se nota al punto que las de éste predominan y mayorean. Villar tuvo el buen acuerdo de introducir un *Análisis gramatical*, lo cual no deja de ser un avance.

Conviene fijar la atención en lo que fue acaeciendo con los estudios gramaticales. Le ganó por la mano Salvá a la Academia española en estos países, y habiendo compuesto, año 1843, don Pedro Martínez López su *Gramática de la lengua castellana* con teorías opuestas a las de Salvá, y como entrase a concurso abierto y le rivalizase éste, fue aprobada la de aquel por la Dirección general de España, a causa de su método sencillo y lacónico. Puédese decir que en breve fundó escuela dicha gramática en Colombia, por eso, de ella se aprovecharon los autores que hemos citado, aunque sin rechazar del todo las otras teorías, y por ende reinando bajo la capa de eclecticismo una especie de anarquía y desorientación en estas materias. Desde el año de 1852 bulló el amor al estudio de la lengua nativa con efervescencia muy grande, bien que con procedimientos poco fijos.

La preponderancia de Martínez López también se dejó sentir en estas obras:

Compendio de la Gramática de don Pedro Martínez López, por el doctor Antonio González Carazo. Santa Marta, 1850. Hablaron de este trabajo la *Gaceta mercantil,* periódico de Santa Marta, y también *La Democracia de Cartagena. Gaceta mercantil* trató además de otro compendio, del mismo tema y criterio, que publicó el doctor Juan Manuel Pérez en Santa Marta, año 1850, y era fruto de las explicaciones hechas en el profesorado. Inédito anda un compendio inspirado en Martínez López que Esteban Ovalle compuso en Ocaña para el uso del Colegio donde él enseñaba.

Tratado completo de Ortografía castellana. Bogotá, 1858.

Tratado de Métrica por el doctor Manuel María Madiedo. Bogotá, 1859. Hállase inserto en un libro de poesías de este autor.

Nociones gramaticales no despreciables trae *El Libro del estudiante,* por José Joaquín Ortiz. Bogotá, 1859.

Por este tiempo comenzó Bello a imponer su gramática en Colombia con la fuerza de quien tiene misión de reformador genial. Cierto es que desde 1849 ya se conocían aquí sus teorías novísimas, a juzgar por la obra de Salazar citada atrás; empero de 1860 en adelante las disciplinas gramaticales perdieron aquella manera vaga y desorientada que las distinguía, y comenzaron a encauzarse según el querer del gran maestro. Y la revolución de Bello fue asaz benéfica en Colombia. Por de contado que las épocas anteriores de Sicilia y Salvá trasmitieron a ésta su legado por conducto de Bello, quien tomó de Salvá, Puigblanch, Garcés y Sicilia lo que tenían de aprovechable.

Cómo y cuánto influyeron en la literatura las obras gramaticales de Bello, dedúcese de la siguiente noticia bibliográfica: En 1871 se hizo en Bogotá una edición de *Análisis ideológico de los tiempos de la conjugación castellana*. En 1862 la imprenta de Echeverría Hermanos hizo también una edición de *Principios de Ortología y Métrica de la Lengua castellana*. La misma casa editorial, en 1882, publicó de la obra dicha una *Edición ilustrada con notas y nuevos apéndices por don Miguel Antonio Caro*. En 1869 reimprimió Echeverría Hermanos la *Gramática de la Lengua castellana, etc*. En 1874 la revisó e hizo nueva edición de ella don Rufino José Cuervo, de la cual hemos de hablar largamente. Sobre el *Compendio de la Gramática, etc.*, que hizo el mismo Bello salieron en Colombia: *Nuevo Compendio de la Gramática castellana de don Andrés Bello*, cotejado con la extensa de este académico por César C. Guzmán, Bogotá, 1869, reimpreso varias veces; *Composición y Gramática práctica para las escuelas* por el mismo autor, París; *Gramática, Libro del estudiante*, por don Diego R. de Guzmán. Bogotá, 1881; *Gramática abreviada de don Andrés Bello* por Santiago Pérez, Bogotá, 1881; *Compendio de la Gramática castellana de Bello* por Venancio G. Manrique, Bogotá, 1882. *Gramática abreviada de don Andrés Bello* con una serie de ejercicios sobre los puntos más difíciles de la sintaxis castellana, por César C. Guzmán. Bogotá. 1879.

Era por el año de 1823 cuando a don Andrés Bello que moraba en Londres se le ocurrió reformar la ortografía en América, y por medio de la prensa de Londres, del *Repertorio americano*, propuso aquellos famosos cambios de la g por la j, de la x por la s, de la y por la i, de la c por la z, de la x por la cs, el quitar la tilde diacrítica a las voces monosilábicas, etc. También en el *Repertorio americano* publicado en Londres apareció un artículo en el que se proponían reformas, artículo firmado con las iniciales G. R. y A. B. que deben de corresponder al colombiano García del Río (Juan) y Andrés Bello, apoyándose en el espíritu reformador con que había obrado de 1803 a 1815 la Academia española implantando en muchos vocablos la j por la x, la q por la c, etc.

La tendencia neográfica caló en América según puede verse en la *Memoria* que el Licenciado Domingo F. Sarmiento presentó a la Facultad de Humanidades y Filosofía de la Universidad de Chile, siendo Rector de ella Bello, *Memoria* en que abogaba por el nuevo sistema ortográfico, en vista de la pronunciación común de los americanos y sin atender a la etimología de las palabras. Lo gracioso del caso era que pedíase la sanción de las corruptelas prosódicas y ortográficas, con ortografía académica; y por cierto que ni Bello ni Sarmiento en esto fueron originales, pues Nebrija en el siglo XVI y Mayáns en el XVIII practicaron algunas de estas reformas. Mucho perjudicó en Chile esta revolución, cuyos resultados duraron largos años y aun se sienten.

Esta *Memoria*, que corresponde al año 1843, fue reproducida en los *Anales* de la Universidad de Colombia en los números 28 y 29 de los meses abril y mayo, y salió precedida de un artículo pomposo que la recomendaba mucho. No es que este año se dieran a conocer aquí tales innovaciones, porque ya las conocían antes y algunos las ponían por obra, aunque no pocos ortógrafos las rechazaron en la teoría y en la práctica, como Lino de Pombo, Ulpiano González, Ignacio Gutiérrez Vergara y otros.

Las innovaciones se tomaron como banderín político, según el sentir de ciertos hombres que en todo quieren inmiscuir la política, contra los conservadores de quienes decíase que las rechazaban a ojos cerrados, pero ello no es verdad, porque ¿cómo se explica que liberales tan refinados como Conto, Guarín, Lleras, González no se holgasen con aquellas novedades ortográficas, y sí conservadores de tuerca y tornillo, como Groot? Además, asegúranos Marco Fidel Suárez (1) lo que sigue, muy conforme con el artículo *Fundación de Academias americanas* publicado en el tomo primero de *Anuario de la Academia colombiana:*

Ya en 1825, al acabarse apenas las batallas libertadoras, emprendieron en esta ciudad la fundación de una Academia americana los bogotanos Pedro Acebedo y Luis Vargas Tejada y los antioqueños Alejandro Vélez y Juan de Dios Aranzazu, de memoria ilustre. El fin de este instituto era conservar en América la lengua castellana como vigoroso lazo político de unión entre las nuevas Repúblicas.

_____

(1) *El Castellano en mi tierra* pág. 24

Caldas, cuando trazó el plan de estudios para las escuelas de primeras letras, aconsejaba, como buen sabio, que se leyeran ciertas obras para hablar con más pureza la lengua española.

En Colombia, a pesar de los esfuerzos precitados, se revolucionó la ortografía. Hízose famoso el dicho de Gregorio Gutiérrez González, que se quiso librar de la fuerza de la argumentación con este rasgo de humorismo:

Yo no escribo español sino antioqueño.

Ya por los años de 1878 y 1879 nadie opinaba por la neografía, debido a la grande autoridad de don Rufino José Cuervo y de la Academia colombiana que contaba en su seno a un Marroquín y a un Caro, capaces de iluminar con sus luces intelectuales los abismos más hondos de la ignorancia. Selló las buenas prácticas en esta materia una disposición del Senado colombiano, que oyó las discretas razones del General Sergio Camargo, y excitó al Poder ejecutivo para que restableciera en las publicaciones oficiales la ortografía de la Real Academia, como en efecto se restableció.

Gramática, frases y oraciones de la lengua chibcha por Ezequiel Uricoechea. Bogotá, 1861.

Tratado de la puntuación, con el privilegio correspondiente, por Felipe Pérez. Bogotá, 1863.

Manual del Estudiante, por Nicolás Gómez. Bogotá, 1864.

Conocimiento de las partes del discurso y de sus principales accidentes por don Simón de Lavalle, y doctor Juan N. Pombo, profesores de un muy notable Colegio. Cartagena, 1864.

Tratados de Ortografía, de Analogía, Sintaxis y Prosodia de la lengua castellana por el doctor Dionisio H. Araújo. Cartagena, 1865, 1866, 1867. Escribiéronse por separado y van en preguntas y respuestas.

Diccionario ortográfico ó Catálogo de las voces castellanas cuya ortografía puede ofrecer dificultad, por J. M. Marroquín. Bogotá, 1867.

Explicación de las oraciones latinas, por Eustaquio Palacios. Cali, 1867.

El Institutor por José B. Gaitán. Bogotá, 1869. Contiene nociones gramaticales de alguna importancia.

Tratado de Ortología castellana. Bogotá, 1869.

Compendio de Gramática castellana formado en vista de otros autores y puesta al alcance de los niños por don Enrique Alvarez. Chiquinquirá, 1870.

Elementos de Literatura española que comprenden la gramática, la versificación, la poética, la retórica por don Eustaquio Palacios. Cali, 1870. Con motivo de esta publicación se suscitó recia polémica entre el autor y Francisco Marulanda en periódicos y folletos.

Elementos de Gramática castellana o sea colección de las reglas más usuales del lenguaje, escogidas de los mejores autores, para el uso de los niños, por don Juan de D. Bustamante. Socorro, 1870.

Tratado del Participio, por don Miguel A. Caro. Bogotá, 1870. Fue publicado por primera vez este lucidísimo trabajo en *Anales de la Universidad de Colombia*, en el número 18, Junio de 1870.

Ejercicios para corregir palabras y frases, por Ruperto Gómez. Bogotá, 1870.

Gramática, Vocabulario, Catecismo y Confesonario de la lengua chibcha por E. Uricoechea. París, 1871.

Dicha de pasada, cabe la observación de un fenómeno en verdad raro: en distintos puntos de la república se imprimían trabajos gramaticales de mérito relativo, pero en el departamento de Antioquia, en Medellín, ni uno que sepamos. ¿Sería falta de cultivadores? Mucho lo dudamos, máxime cuando vemos hoy día surgir, y no por generación espontánea ni postizos, los grandes filólogos y gramáticos nacidos en aquella región, que son el pasmo de toda la república, conviene a saber: Suárez, Isaza, Villegas, Palacio, Uribe, Henao y otros.

La Academia colombiana, institución fundada el año 1871 e inaugurada con sesión solemne el 6 de Agosto del mismo año, representa

y es el triunfo del orden contra la indiscipli-
na, el estímulo de los ingenios y el carril que
marca la vía y facilita los transportes de las
mercaderías de la ciencia.

> El fin de estas instituciones, dice J M. Ma-
> rroquín (1), aludiendo a las Academias, es
> que haya quienes examinando atentamente
> lo que el uso va haciendo en los países en
> que se habla el idioma, ilustre aquellos pun-
> tos que merezcan ó exijan estudio y ponga
> en la balanza el peso de su dictamen cuan-
> do, fluctuando el uso entre dos extremos, la
> razón ó la etimología favorezca uno de los
> dos.

Nuevo impulso recibieron por obra de esta
corporación, las disciplinas gramaticales, y
como maestra del buen decir, puesto que cons-
taba de las más floridas plumas, la colombiana inclinóse a fijar las enseñanzas de la Academia española, aunque sin menospreciar las
grandes enseñanzas de la *Gramática* de Bello,
que fue anotada por Cuervo y editada con la
ortografía académica, si bien esta corrección
le costó por parte de los neógrafos de Colombia y extranjeros críticas por demás desas-
tradas y aviesas.

De la influencia de Cuervo en las letras patrias desde este tiempo nos habla quien tiene

---

(1) *Neografía en America Repertorio C* Junio de 1879

autoridad para ello, Rafael María Carrasquilla (1):

> Enseñó largos años don Rufino José Cuervo en escuelas y colegios. Muchos no se sentaron en los bancos de aquellas aulas, y sin embargo, todos los colombianos nos gloriamos de ser discípulos suyos. Fue no sólo maestro, sino legislador del idioma colombiano.

En el *Anuario de la Academia colombiana* estampado el año de 1874 y en los veinte volúmenes que forman el *Repertorio colombiano* puédese ver la labor de los académicos y letrados de aquel tiempo, a este respecto.

Benedetti escribió en 1865 pero se publicó en París en 1871:

Gramática analítica práctica y filosófica de la lengua española, o sea curso razonado y progresivo del idioma nacional de las Repúblicas hispanoamericanas.

Alfabeto fonético de la lengua castellana por Ezequiel Uricoechea. Madrid, 1872.

Gramática práctica por César C. Guzmán. Bogotá, 1872.

Elementos de Gramática castellana por don Francisco Ortiz. Bogotá, 1873.

Curso completo de la lengua italiana por César Conto. Bogotá, 1875.

---

(1) *Revista del Colegio mayor de Nuestra Señora del Rosario.* 1.º Octubre 1911.

Compendio de la Gramática castellana de don Andrés Bello, por el Padre Fray R. Yori. Sogamoso, 1873. El dominico Yori rechaza la nomenclatura de Bello y adopta la antigua.

Lecciones de Métrica. Bogotá, 1875.

Curso en francés por el sistema Robertson adaptado a los castellanos por don Francisco Marulanda y don Samuel Bond. Bogotá, 1875.

Composición y Gramática práctica para el uso de las escuelas primarias, por César C. Guzmán. París, 1875.

Dos obras se comenzaron a publicar por entregas o cuadernos en Cartagena, año de 1875: *Curso de lengua latina* por el presbítero doctor José María Pompeyo y otra con el mismo tema y método por el doctor Juan Antonio de Arias.

Compendio de la Gramática española por Rafael Rico. Cartagena, 1877.

La Gramática de los niños, obra arreglada a su objeto por H. Wilson y P. Nieto. Tunja, 1870. Folleto de 58 páginas.

Gramática, Catecismo y Vocabulario de la lengua goajira por Rafael Celedón. París, 1878.

Elementos de Gramática castellana, ordenados por Francisco Ortiz. Bogotá, 1878.

Gramática práctica de la lengua castellana, por Emiliano Isaza. Bogotá, 1881. En el año de 1912 lleva este texto de enseñanza 36 ediciones. Tenía tanta razón como gracia J. M. Marroquín cuando en el prólogo declaró:

> Provoca volver á ser maestro para tener la satisfacción de enseñar por el texto del señor Isaza.

En el *Repertorio colombiano*, Octubre de 1883, publicó don Marco Fidel Suárez una muestra de su *Gramática histórica de la lengua castellana*, muestra que versa sobre el pronombre posesivo, su empleo, sus formas, regímenes, etc., todo confirmado con ejemplos y pasajes de los autores clásicos.

El inglés según Robertson, por Venancio G. Manrique. Bogotá, 1882.

Apuntaciones sobre la lengua inglesa, por César Conto. París, 1883.

Curso elemental de Gramática castellana, por Jorge Roa. Bogotá, 1884. Lleva prólogo del ático Diego R. de Guzmán.

Vocabulario gramatical. Apéndice a los textos de gramática y ortografía, por Diego Mendoza. Tunja, 1884.

Estudios gramaticales. Introducción á las obras filológicas de don Andrés Bello, por don Marco Fidel Suárez, etc. Madrid, 1885. Con una advertencia y noticia bibliográfica de don Miguel A. Caro. Esta magistral obra, cuya base fue *Ensayo crítico* premiado por la Academia colombiana en 1881, es digna del autor, heredero intelectual de Cuervo en materias lingüísticas.

Diccionario ortográfico de apellidos y nombres propios de personas, con un apéndice de nombres geográficos de Colombia, por Emiliano Isaza y César Conto. Londres, 1885.

El inglés al alcance de los niños por José Rivas Groot. Bogotá, 1886.

Tratado de Gramática castellana por Enrique Alvarez. Bogotá, 1886.

Ejercicios de Ortografía por Eduardo Gutiérrez Piñeres. Cartagena, 1887.

Diccionario abreviado de galicismos, provincialismos y errores de lenguaje por Rafael Uribe. Medellín, 1887. Obra de mérito, más estimada en países extranjeros que en el nuestro.

Gramática primaria de la lengua castellana por el Presbítero Rafael Celedón. Curaçao, 1889.

Prontuario de Ortografía española por Rufino Urreola. Panamá, 1889.

Prontuario de Gramática latina, etc., por José Dolores Monsalve. Chiquinquirá, 1889.

Guía de conversación con algunas tribus salvajes de Casanare por el señor Obispo de Sebastópolis doctor Juan N. Rueda. Bogotá, 1889.

Compendio de Gramática castellana por Francisco Marulanda. Bogotá, 1890.

Primer curso de inglés por Mc Douall y Manuel Antonio Rueda. Bogotá, 1890.

Palabras homófonas por Demetrio Santander. Cali, 1890.

Diccionario ortográfico por César Conto. Goudon, 1890.

Nociones de Prosodia latina por Miguel Abadía Méndez. Bogotá, 1893.

Memorandum bibliográfico de Gramática española por Antonio M. Arrázola. Bogotá.

Conjugación de verbos castellanos. Barranquilla, 1894.

Gramática de la lengua castellana por X. Popayán, 1894.

Diccionario enciclopédico de la lengua castellana por Elías Zerolo, Miguel de Toro Gómez y Emiliano Isaza, etc. París, 1895.

Lexicografía castellana por Eduardo G. Piñeres. Cartagena, 1896.

Ejercicios de Ortografía por Eduardo G. Piñeres. Cartagena, 1897.

Compendio de Gramática castellana por Lucindo Galvis. Bogotá, 1897.

Diccionario de la Conjugación castellana por Emiliano Isaza. París, 1897.

Tratados de Ortología y Ortografía de la lengua castellana por J. Manuel Marroquín. Bogotá. Léese en el prólogo:

Estas repetidas reformas gozaban de tal crédito hasta el año que hicimos la 4.ª edición de este libro que nos pareció temerario empeño el de corregir los abusos.... Hoy merced á los progresos de la cultura, se empieza á reconocer la necesidad de conformar nuestra ortografía con la de todas las obras escritas en castellano que se imprimen en Europa.

Nuevo sistema de acentuación escrita según la Academia española, por Emiliano Isaza. Bogotá.

Gramática castellana elemental, por Francisco Marulanda.

Gramática de la Lengua castellana, adaptada para segundo año de estudio en los colegios, por Francisco Marulanda.

Método para hablar, leer y escribir el francés, por Edmundo Gastineau, por Francisco Marulanda.

Método para hablar, leer y escribir el inglés, por Edmundo Gastineau, por Francisco Marulanda.

Lecciones prácticas de lengua inglesa, por el sistema de Robertson, por Francisco Marulanda.

Compendio de Métrica de D. Andrés Bello, por Francisco Marulanda.

Tratado de pronunciación, puntuación y acentuación, por Januario Henao. Medellín, 1909.

Sobre el cultivo de la Lengua castellana, por Luis M. Mora. Bogotá, 1909.

Nuevo traductor latino, por Roberto Cortázar. Bogotá, 1912.

Prontuario de las Apuntaciones críticas de don Rufino José Cuervo, por Gumersindo Perea. MCMXII. Bogotá.

Adrede hemos omitido la indicación de las obras gramaticales del doctor Cuervo para hablar de ellas por separado; mas es visto que lo que Edison para los modernos inventos eléctricos, lo que Colón para el descubrimiento de un mundo, lo que Pasteur para las ciencias médicas, eso y más es Cuervo para la lengua castellana: en él se condensó el progreso de la cultura gramatical. Centro del saber lexicográfico, sintetizó las obras de sus predecesores y aventajó las de sus sucesores; a manera de rayos fueron sus libros que, partiendo del sol de su inteligencia, iluminaban las de todos, por lo cual gran razón es que llamen a la patria de Cuervo la tierra de los gramáticos, y a Cuervo el astro rey de su patria. Muy bien lo dijo el doctor Gómez Restrepo (1):

Honroso es para nuestro país este acerbo de trabajos lingüísticos por su valor intrínseco, y por la calidad y circunstancias de quienes lo acrecentaron. Honroso también para el señor Cuervo, pues sin su enseñanza, sin su ejemplo, sin la influencia decisiva que ejerció sobre sus contemporáneos y sobre la juventud de entonces, no habríamos tenido ese florecimiento.

Repara Suárez con grande oportunidad y desembarazo (2):

---

(1) *Discurso citado.*
(2) *El castellano en mi tierra,* Pról. II, pág. 25.

Pero la gramática es cosa de viento y mentira, se dirá, la gramática es hoy fábula y risa de todos, hasta de los escultores de la dicha pública que se santiguan con la izquierda al ver que la gramática se invoca para interpretar las leyes. Eso no prueba nada contra el arte de Nebrija, ni contra las leyes de Partida, ni contra la primera página de Bello, sino contra las ideas tuertas é invertidas de una época que pudiera verse en el espejo de Turquía, en estas materias se entiende, pues es sabido que al abrir esta tierra sus puertas á la civilización occidental, uno de sus primeros pasos ha sido fundar, entre otras, la Academia del idioma patrio.

Esto, pues, no es una ocasión de gratas festividades, ni la mera satisfacción de nobles aficiones, ni sólo el ejercicio de una vocación literaria. Esto es también labor patriótica, porque Colombia no es apenas su territorio y sus habitantes, sino su historia inmortalizada por los méritos y los héroes, su fe católica, su lengua castellana.

Amén de estas razones que en sustancia dicen ser la lengua garantía de la unidad e integridad del espíritu nacional, don Rufino José indica otra razón de mucho peso político-internacional para recomendar tales estudios, y así no vacila en decir (1):

_____

(1) *Apuntaciones Críticas* Pról II

Nadie hace tanto por el hermanamiento de las naciones hispanoamericanas como los fomentadores de aquellos estudios que tienden á conservar la pureza de su idioma, destruyendo las barreras que las diferencias dialécticas oponen al comercio de las ideas.

Por lo demás, despreciar la gramática por amar la retórica, la elocuencia y la poesía, es como querer el aroma de la flor y no la flor misma. Así pues, nosotros no repetiremos aquello de que por exceso de poetas y oradores se pierde el mundo, ni lo otro de Víctor Hugo (1) que en un rato de humor negro exclamó:

Guerra á la retórica y paz á la gramática,

por cuanto una y otra materia se complementan y aderezan. Por eso, precisamente, vemos que en Colombia abundan los buenos literatos, porque abundan los buenos gramáticos. Don José María Samper, en su discurso de recepción en la Academia colombiana, dividiendo el siglo XIX en cuatro períodos, sintetiza así la cultura gramatical, cuyo fruto más hechicero es la poesía:

Nuestra primera generación literaria de este siglo contó en su seno 19 poetas; la segunda, 2 poetisas bien conocidas y 25 poetas;

---

(1) Véase a Federico Balart. *Impresiones.*

la tercera, ha contado 10 poetisas y 88 poetas; y la cuarta ya (salvo omisión involuntaria), 11 poetisas y 129 poetas.

¿Y qué diremos de los aumentos habidos de entonces acá? En el acta de 28 de Junio de 1910 que se levantó con motivo de una sesión preparatoria para fundar en Bogotá la Academia de la Poesía colombiana, menciónanse 78 poetas de primera nota *dii majores*, y 4 poetisas. ¿Qué tántos serán los hijos del parnasillo menor? Pues ¿qué decir de los poetas y las poetisas de provincias?

Rubén Darío es quien así poetiza:

Colombia es una tierra de leones,
el esplendor del cielo es su oriflama,
tiene un trueno perenne, el Tequendama,
y un olimpo divino, sus canciones.

El erudito Miguel Cané formula esta conclusión (1):

Colombia ha producido, desde los primeros días de su independencia hasta hoy, poetas galanos, prosistas, pensadores y hombres de ciencia de los que á justo título está orgullosa. Hay allí un gran respeto por la cultura intelectual.

A continuación se hace lenguas de don Rufino José Cuervo como el varón ilustrado entre los ilustrados.

---

(1) *Notas de viaje sobre Venezuela y Colombia* La inteligencia.

Luzca, pues, tantas galas como tiene, el lenguaje de Cuervo, sea el ósculo intelectual de unos colombianos con otros, actúe como depositario del ideal patrio, fecundice y alumbre el pensamiento de paz y de progreso nacional, germine como floración primaveral de la vida, hilo de oro, borde la bandera de los más gloriosos porvenires; gama tónica del sentimiento, suspire y gima en las cuerdas de las obras de misericordia, y cante el himno de las glorias de Bolívar y de los padres de la república. Cúmplase, en fin, aquel voto expresado por la Real Academia española, cuando conmemoró el centenario del natalicio de Bello (1):

El amor de la hermosa lengua castellana, que aun resuena con majestad y armonía entre la nieve de los Andes y en las feraces campiñas del Ecuador, sea de hoy más vehículo que estreche de nuevo, sin menoscabar á nadie su independencia, los lazos de cariñosa hermandad entre americanos y españoles.

_____

(1) Manuel Cañete. *Discurso*, 4 Diciembre de 1881.

III

Gramática Latina de Caro y Cuervo—Parangón entre estos dos grandes sabios. Ediciones de la Gramática—Latinidad antigua—Gramáticas y diccionarios antiguos y modernos—El por qué de esta obra—Mérito de la misma—Escollos evitados—Aciertos didácticos—Caro, poeta latino—Carta latina de Cuervo—La prosodia—El caso prosódico de la *q* seguida de *e, i*—Opiniones—Versifiquemos en latín.

ELOGIABA cierto sujeto delante de Honorato Balzac una de las obras del gran novelista.

—Caro amigo, díjole éste, dichoso usted que no ha escrito esta obra.

—¿Por qué dichoso?

—Porque usted, no siendo su autor, puede alabarla lo que guste, y yo no.

Lo mismo podían afirmar los señores Cuervo y Caro de su *Gramática latina*, porque sabemos que estos sabios tenían librados sus sueños de preferencia en esta obra, y sin embargo de eso, ocultaban en ocasiones la verdad; no quisieron mostrarse por lo claro complacidos de estas páginas. En el discurso de los años, quién ponderaba el primor de *Apuntaciones*, quién el *Tratado del Participio*, a unos suspendía *Horas de amor*, a otros el *Diccionario de Construcción y Régimen*, por aquí de-

rramaban loas al anotador de la *Gramática* de
Bello, por allí al traductor de Virgilio, empero ¡ironía de los hados adversos! la *Gramática latina,* que podía apostárselas a todas esas
obras, no llevaba camino de vencerlas ante los
ojos de los admiradores de Caro y Cuervo, a
pesar de tan engolosinadora erudición y método incomparable como lucía.

Y vaya de anécdotas: después de un largo
sitio que el emperador Conrado II sostuvo contra el duque de Wittemberg, le obligó a ren-
dirse, y quiso llevarlo todo a sangre y fuego;
permitió, no obstante, que las mujeres salie-
ran libres de la ciudad y se llevaran a cues-
tas, en un solo viaje, lo que más quisiesen;
la duquesa cargó en hombros a su marido y
salió; lo propio hicieron las demás mujeres
con los suyos. En caso análogo, nosotros nos
dejaríamos llevar del ansia y reverencia que
atizan nuestro corazón, y libraríamos de la rui-
na, ante todas las cosas, la *Gramática latina,*
por lo bueno del trabajo, por el patriotismo
que supone y por ser resultado de la colaboración de dos ingenios estupendos que se conocieron, se amaron y conjuntaron sus esfuerzos en pro de una idea universal y provechosa.

¡Caro y Cuervo! Caro es el titán cargado
de los trofeos de un talento superior, compren-
sivo, invencible, que convirtió su pluma o en
una maza hercúlea con que aplastaba al ad-

versario, o en una varilla mágica con que hizo brotar florecillas y fuentes que recreaban al amigo; Cuervo es el silencioso mago que con mirada omnisciente analizó los misterios de la más levantada filología; aquel nació como león para la lucha, éste como ibis para la meditación; guardador de las tradiciones científicas de su raza, Caro poseyó el supremo señorío de la palabra; entendimiento analizador, bien equilibrado y de regia estirpe, Cuervo dominó la síntesis de la ciencia, que es el verbo, y la síntesis del corazón, que es la caridad.

> *Luce intellectual piena d'amore*
> *Amor di vero ben, pien di letizia* (1).

Los dos se amaron porque eran grandes, y los dos fueron grandes porque eran humildes a lo cristiano, y de más a más fueron grandes porque fueron mártires, el uno del saber, el otro de la política.

> *Dos gigantes los siglos nos trajeron,*
> *Los dos en el destierro se encontraron* (2);

Caro murió en el destierro de su humilde hogar, después de ser presidente de la república, pero fue envuelto al morir en la bandera tricolor de Colombia, que es una de las más gloriosas mortajas; Cuervo murió fuera

---

(1) Dante. *Divin Com Cant* triges V 40 y 41.
(2) Zorrilla. *Obras completas. Líricas*

de su patria por amor al estudio, siendo monarca de la filología, y acabó amortajado con la blanca bandera de la ciencia, en que tienen su nombre inscrito todas las naciones; y entrambos cultivaron de preferencia la lengua, que es la expresión de la personalidad y de la patria, y la más ideal de las banderas.

Para uso de los que hablan castellano compusieron estos autores la *Gramática latina* y la publicaron en su ciudad natal, Bogotá, en el año 1867. ¡Cuervo tenía en aquella sazón veintitrés años de edad! Hízose segunda edición completada con una prosodia a los dos años, y la tercera apareció en 1876, teniendo como mejora dos cursos de ejercicios de composición. Año de 1905 se realizó la cuarta impresión. Siendo un trabajo de dos coautores, extraña que no conozca ni el ojo más avizor hasta dónde influyó el uno y cómo medió el otro. Pero es la explicación muy obvia: ambos a dos manejaban el castellano y el latín a las mil maravillas, sabían acomodar el suyo a varios estilos y remedarse recíprocamente. Con que no podría saber el curioso la parte de gloria que a cada cual toca, si en tono de confidencia no hubiera manifestado uno de ellos que la analogía fue compuesta por Cuervo y la síntaxis por Caro.

Ambos ejercitaron el profesorado de latinidad y conocieron los escollos y apreciaron las ventajas de las gramáticas viejas. Cuervo, mientras colaboraba en la tarea, explicó latinidad en el seminario de Bogotá, donde se conserva aún el recuerdo de su modalidad atildada como profesor.

Siendo la literatura latina una de las más ricas y variadas, parece que el latín tuviera por misión interpretar y expresar todo lo épico, lo legendario, lo caballeresco, así como lo más dulce y bucólico del sentimiento. En verdad, esta lengua algo descubre muy particular y peregrino cuando dirigimos las elevaciones del alma al Cielo para comunicarnos con Dios. Un concepto muy personal de Caro citado por nosotros en otro lugar (1), dice a este respecto:

Conste que no me gusta escribir en latín á las veces para expresarme mejor. . . sino no sé por qué. Por algo será; quizás para que no me entiendan. ¿Por qué nos gusta rezar algunas veces en latín y no en castellano? Será para hablar con Dios más en secreto. *Odi profanum vulgus et arceo.*

La latinidad iniciada por los anteclásicos Plauto, Terencio, Cayo Graco, Lucilio, etc., que florecieron desde el año 254 hasta el 103 antes de Jesucristo, tuvo su mejor representación

---

(1) *Idiomas y Etnografía de Región oriental de Colombia* Apénd. VI

y su expansión máxima en Cicerón, Julio César, Salustio, Virgilio, Horacio, Tito Livio, Ovidio, escritores que figuraron desde el año 106 antes de la era cristiana hasta bien entrada la misma; halló sus mejores cultivadores, durante el primer siglo de la Iglesia, en las obras de Plinio el mayor, Quintiliano, Tácito, Juvenal, etc., y principalmente en los escritores españoles, como Séneca, Lucano, Marcial, Quintiliano, Juvencio, San Isidoro, que se presentaban en Roma con suposición tal, que eran admirados aún en su lenguaje tocado ya de provincialismo y que llevaba nuevos gérmenes de valor fónico.

Surgieron las gramáticas casi en el mismo nacer de la lengua; y así, los grados y artes ideados por Varrón, Cicerón, Quintiliano, Julio César, Macrobio y Prisciano, quienes alcanzaron el promedio del siglo VI de nuestra era, distinguiéndose entre todos Servio, ilustre humanista del siglo IV, el mejor comentador acaso de Virgilio, fueron los medios de trasmisión de aquella habla opulenta, armoniosa y cuasi divina.

Fue en el siglo XIII cuando nació, hijo de la lengua latina, concebido por el genovés Balbi, el *Catholicon*, obra de mucho empuje, que abrió orientaciones sabias a los latinistas decadentes e innovadores; después, en distintos pueblos y tiempos, aparecieron los trabajos de

Nicolás Perotti, Ambrosio de Calepino o Calepio, Luis de la Cerda, Passerat, Esteban Dolet, Nizolio, Nebrija, Etienne, Lefebre, Gesner, y mejores que todos por su método y claridad, los de Forcellini, que se publicaron bajo la revisión de Facciolati, y más tarde, en edición mejorada, por Furlanetto. En cuestión de léxicos llamaron la atención el de Freund, el de Theil, Quicherat y el gran diccionario de Forcellini, editado y reeditado por Francisco Corradini en Padua y por Vicente de Vit en Prato, con muy buenos auspicios.

De España cabe mencionar como ilustrísimos y meritísimos latinistas al polígrafo Luis Vives, con su *Dialogistica Linguae Latinae exercitatio*, Barbosa, Antonio Agustín, García Matamoros, Abril, el citado Luis de la Cerda, Vicente Masnier y, muy antes, a mediados del siglo XV, al ínclito Alfonso de Palencia, cronista de Isabel la Católica, por cuyo mandato escribió el *Universal Vocabulario en Latín y en Romance*, que se imprimió año de 1490. Antonio de Nebrija, o Lebrija, sabio español, el primero de los conocidos que sometió a reglas el estudio gramatical, según creencia de algunos a quienes no sigue Cuervo (1), pues se lo atribuye al Padre Juan Luis de la Cerda, coautor de la Biblia poliglota, asímismo dio

---

(1) Véase Introducción a las Notas de la Gramática de Bello.

a luz su *Diccionario latino-español* y *español-latino*, o más bien, su vocabulario con correspondencias y significados. No se le quedó a la zaga el llamado Brocense, Francisco Sánchez, pues con su *Minerva, seu de causis linguae latinae comentarius*, produjo una obra de reformador genial, en la que explicó novísima y fundamentalmente la disciplina gramatical y lexicográfica. A todos eclipsó poco después el docto italiano, ermitaño de San Agustín, Ambrosio de Calepino, quien compuso su diccionario en siete lenguas, y en breve lo reprodujo octolingüe, tan bueno y completo, que de allí en adelante todos los diccionarios latinos llamáronse Calepinos, a secas.

Cabida preferente deben tener en este capítulo los siguientes etimólogos españoles que cultivaron el idioma latino-español: Pedro de Alcalá, en 1505; Francisco del Corral, en 1601; Bernardo Aldrete, en 1606; Mayáns y Siscar, en 1737; Villanueva, en 1823; Peñalver, en 1845; Monláu, en 1856; Raimundo de Miguel y el marqués de Morante, en 1867; Galiana, en 1868; Marín, en 1872; y en los años subsiguientes, Jiménez Lomas, Calatayud, Garriga, Suaña, Carrillo y otros que no es fácil contar.

Sabido es que en el promedio del siglo XVIII Manuel de Valbuena escribió *Diccionario universal latino-español* tomando datos de los italianos de Facciolati y Forcellini y de los franceses Boudot y Blondeau; Vicente Salvá lo reformó y reprodujo en seis ediciones, poniendo las voces en riguroso orden alfabético, corrigiendo muchos descuidos prosódicos y modificando definiciones tan malas como éstas: *Patraster*—suegro y padrastro, como si fuesen los dos idéntica cosa; *Scapus*—según Varrón, dice Valbuena, es el cuaderno de papel, como si en tiempo de Varrón hubiera tales cosas. Vino año de 1851 Martínez López, y en catorce ediciones consecutivas quitó de la obra Valbuena-Salvá muchos galicismos, desatinadas definiciones y contradicciones sin cuento; pero un diccionario latino-español, según las nuevas exigencias, no lo había en España hasta tanto que vinieron Miguel y Morante, y, en vista de lo que adelantaban los diccionarios forasteros, y más en Alemania, que es la reina de la filología, realizaron su gran *Diccionario latino-español etimológico*. Todos estos esfuerzos fueron há poco superados por los del señor Comelerán, quien hizo en su diccionario obra tan buena como cualquiera de las extranjeras, v. gr. la de Freund y la titulada *Totius Latinitatis Lexicon* de Forcellini; sobre todo en la parte etimológica, ya que consultó muy bien el griego y el hebreo, las lenguas indogermánicas y más aún el sánscrito.

Hallábanse las gramáticas del latín tan enredadas y trasnochadas, que Caro y Cuervo concibieron la idea de reducir a sistema claro y por entero pedagógico la enseñanza de la lengua virgiliana, y así pusieron luego al punto manos a la obra. Cierto que existían gramáticas tan ajustadas como la *Nouvelle Grammaire de la langue latine* par M. Dutrey, Recteur de l'Academie de Bordeaux, que parécenos ser la mejor de las modernas y anda aprobada por aquel Consejo de Instrucción pública; así como también el *Método para estudiar la lengua latina* por J. L. Bournouff, traducida y acomodada la parte castellana por los venezolanos M. A. Carreño y Manuel Urbaneja, *Método* que precisamente adoptó el señor Cuervo mientras explicó latinidad en el seminario supradicho, y que en verdad no era despreciable, mayormente por el *Apéndice* que lleva contentivo del Tratado de prosodia y métrica de Luis de Mata y Arango, con su *Curso completo y graduado de temas latinos adaptados a la Gramática de Mr. Bournouff* por J. Geoffroy; cierto de más a más que el danés Madvig escribió otra gramática que corre a la pareja con la de Dutrey, y que en los países hispanoamericanos se compusieron varias muy cabales, como la de Francisco Bello, impresa en Chile año 1838, y sobre todo en la península ibérica, con eso y todo, el señor Cuervo con su esclarecido compatricio, que tenía presentes los tratados de Zumpt, la colección de ejemplos de Broeder y Ramshorn, las doctrinas de Schneider y Struve, todo lo que enseña Grysar sobre el estilo de la lengua de Cicerón, el curso de Reisig que explicó y amplió Haase, resolvió crear y no traducir una gramática, dándole el sello de su personalidad americana, su erudición asombrosa y ciertos toques que sólo los talentos superiores que dominan la materia pueden prestar a sus páginas. De aquí, que entrañe tanto fundamento aquella expresión de un autor de nuestro solar (1):

Colombia lleva el honor de haber presentado al mundo de las letras la nobilísima Gramática latina de Caro y Cuervo, obra magistral y la mejor de su género en nuestro idioma.... es a nuestro juicio, con respecto al idioma latino, lo que la Gramática de Bello al español: la fuente abundante y pura de cuyo raudal han de beber todos los sedientos humanistas.

Que sea verdadera creación y la mejor de las gramáticas latinas confírmase con el testimonio de la Real Academia española, que en informe redactado por Menéndez y Pelayo y por ella aprobado acerca de una gramática que publicó don Francisco Jiménez Lomas, dice:

_ _ ⎯⎯⎯⎯⎯

(1) Monsalve *Prontuario de la Gramática latina, etc.* Advertencia.

La Gramática del señor Lomas parece un buen resumen de las mejores y más recientes que en Francia y en Italia han visto la luz pública. Quizá hubiera sido muy útil que el autor consultase de vez en cuando la muy excelente de nuestros doctos académicos correspondientes don Miguel A. Caro y don Rufino José Cuervo, impresa hace años en Bogotá; obra magistral y la mejor de su género en nuestro idioma.

Bien entendido que si para todos los pueblos iberoamericanos era cosa de gran momento y casi necesaria, mucho más para Colombia, que a la sazón andaba de capa caída por haber admitido en sus aulas procedimientos poco metódicos, y, como resultas, perdido la juventud estudiosa la afición a esta lengua, árida y fría al parecer, pero hermosa y galana cuando uno se encariña con ella. Caro y Cuervo, que veían esto y comprendían de sobra cuánta era la conveniencia de que aprendiesen bien el latín sus conciudadanos, emplearon sus esfuerzos en preparar un aprendizaje regularizado con racional criterio y consiguieron inspirar gusto por este género de estudio que, por lo manco, antes era aborrecido. Sería de desear acomodase algún erudito esta gramática a los adelantos modernos teniendo en cuenta, por ejemplo, *Nuevo Método teórico-práctico para aprender la lengua latina*, por el señor don Julio Cejador, quien funda la enseñanza en el análisis y traducción de ejemplos latinos, por el sistema histórico-comparado del organismo de la lengua.

Constituye el texto de Caro y Cuervo un todo expositivo del latín en su naturaleza y formas, sometido a reflexivo examen, por medio del cual se ordenan los diferentes modos de dicción y se patentiza clara y distintamente la estructura del idioma, según reglas confirmadas por el uso de gentes cultas.

No exhibe en sus páginas un catálogo de preceptos gramaticales descarnados y desligados de aquel carácter ideológico que tantísimo adorna esta disciplina en cuanto ella armoniza los hechos históricos con las fórmulas del aprendizaje práctico, porque conciliando lo científico con lo mecánico y la crítica erudita con las genialidades sintácticas del latín, tan llenas de embelesador desorden y de frescura, Caro y Cuervo limpiaron el mecanismo didáctico de categorías rutinarias y avaloraron el tradicionalismo gramatical con nuevos procedimientos muy sensatos. De donde se colige que intentaron ser exactos y sencillos, y dejando casi intacta la nomenclatura gramatical y las formas fundamentales y los paradigmas de conjugación y declinación, osaron perturbar ciertos cánones hijos del empirismo que a nada bueno llevaban, vamos al decir: conservaron el instrumento del arte gramatical, pero lo conformaron a las exigencias nuevas que demandaba la ciencia. Porque como enseña con sobrado juicio un autor (1):

Las reglas gramaticales no se asemejan por ningún capítulo á instrumentos de tortura que descoyuntan ó mutilan el pensamiento, ni á los estrechos zapatos que los chinos calzan á una niña desde pequeña para no dejarle crecer los pies.

Otro escollo evitaron Caro y Cuervo, a saber: la innovación perturbadora de ciertos espíritus modernos que, aplicando a la enseñanza del latín el sistema de Ollendorff, escriben gramáticas y claves para enseñar a hablarlo y escribirlo *correctamente*, por no saber interpretar bien aquel célebre pasaje de Condillac (2) contra la inutilidad de las reglas y paradigmas de costumbre.

Por lo demás, no se crea que el método ollendorffiano sale tanto de la ley de los descubrimientos humanos, que no tenga antecedentes en la historia, como si fuese invento novísimo y aislado, pues el famoso Luis Vives por el año 1532 exhibió en *Dialogistica linguae latinae exercitatio* un modelo de conversación en estilo familiar como procedimiento auxiliar de la pedagogía, y Locke en 1693

(1) Miguel Luis Amunátegui R. *Al través del Diccionario*, etc. III.
(2) Motif des études.

con empeño pretendió que se implantara en los centros docentes la enseñanza oral del latín por grados y paso a paso.

Empero, creemos que los que pretenden aplicar al idioma latino tal método con todas sus aplicaciones y desarrollado todo su mecanismo yerran de medio a medio, pues uno es la lengua viva, y otro, la muerta, como la latina, que solamente vive en los documentos de la antigüedad y en la literatura moderna del catolicismo; y cosa muy distinta es enseñar a hablar de enseñar a traducir. Con todo, combinando eclécticamente lo bueno que tiene el sistema moderno con el sistema de Nebrija puede el ejercicio oral y objetivo dar provechosos resultados. Así lo entendieron Caro y Cuervo, al poner, en la edición tercera de la *Gramática*, por vía de apéndice, algunos ejercicios o cursos que enseñan gradualmente desde los rudimentos de construcción y régimen hasta las mayores elegancias sintácticas, con tanta maestría dispuesto todo, que el escolar, casi sin darse cuenta, aprende mucho léxico de memoria y aplícalo en la composición de temas del latín al castellano y viceversa. En lo cual cumplieron a la letra aquel aviso de Quintiliano a los preceptores (1): *Cujus est adolescentorum non tan memoriam quan men-*

---

(1) De *Inst Orat.*

tem excolere. Por de contado que el primer curso de ejercicios está tomado del *First latin Book* de Arnold, acomodado por A. Harkness al método de Ollendorff, y el segundo está basado en otro libro del mismo Arnold: *A Practical Introduction to Latin Prose Composition.*

Las páginas de esta obra, como todas las de Cuervo y las de Caro, son muy ricos veneros de erudición en que abundan las citas, los ejemplos de latinidad clásica, las notas, los comentarios que suponen gran acopio de libros leídos en ediciones selectas, y todo lo que hace científico un libro; con el bien entendido que no abusan de su saber ni embarazan el curso de las lecciones, pues señalan los puntos y las disquisiciones eruditas con asteriscos y empleando también distintos tipos de letra, como lo hizo don Andrés Bello con su *Gramática castellana,* y por eso el libro ostenta la ventaja de los métodos modernos empleada por los mejores preceptores ingleses, que así dividen el curso elemental del curso superior; la *Gramática* de Caro y Cuervo ofrece, pues, abundante caudal de materiales primarios y secundarios, ora para el aprovechamiento de los alumnos más despejados, ora para las explicaciones del profesor, dejando al propio tiempo las generalizaciones del texto al alcance de los más lerdos entendimientos. A pesar de esto, opinan algunos que resulta muy recargado el contenido, y táchanle que haga alusiones a los idiomas alemán, sánscrito, francés, inglés, griego y lenguas indogermánicas, y quiera singularizarse desenvolviendo los entronques del latín con el castellano por modo asaz científico. Pero algo habrá para que en varias repúblicas de Hispanoamérica adoptaran oficialmente la *Gramática* de estos sabios, y algo habrá para que hoy en día el aprendizaje del latín no le sepa a rejalgar ni adormece a la juventud de los claustros universitarios de Colombia, como acaecía en el promedio del siglo XIX, sino que ya principia a beberla a barba regada, *plenis poculis*.

Estrictos, por no decir escrupulosos, se manifiestan dichos autores al citar los pasajes de los clásicos, y en esto, con mejor acuerdo que Bello, quien introdujo en su *Gramática castellana* mutilaciones y alteraciones bien intencionadas, quieren enseñarnos prácticamente que la autenticidad es una de las notas más recomendables de cualquier libro, porque citar con falsedad es falsear el gusto y la naturaleza de las cosas y habituar al educando a guardar errores en la memoria, y el error siempre es infecundo y pernicioso.

Vindícanse de los susodichos reparos los autores de esta conformidad (1):

_____

(1) Prólogo

7

De la circunstancia de ser muerta una lengua,
resulta la necesidad de publicar los textos
de sus autores con notas y comentarios. Si
las glosas recargadas de erudición indigesta
é impertinente son dédalo en que el entendimiento pierde el tino y la voluntad la paciencia, nada hay, por el contrario, que tanto enseñe y sugiera como el estudio de un
autor comentado con erudición sobria, claridad y precisión. Curiosa inconsecuencia ofrecen en esta materia las gentes letradas pro-
testantes, de regiones septentrionales, porque al paso que publican sin notas los *oscuros* libros orientales de la Sagrada Escritura, fundándose en el principio del libre
examen, reconocen prácticamente en lo pro-
fano la falsedad de semejante teoría, con el
laudable empeño que ponen en anotar y ex-
plicar los clásicos griegos y latinos.

Notemos nosotros aquí de corrida cómo de
una observación filológica, pasan estos sabios
a otra científica, y luego a otra de carácter
teológico. ¿Verdad que este argumentar es
propio de Bossuet o de Balmes?

Así pues, guiado por todas estas razones
concibió tan buen concepto de la *Gramática
latina* Francisco Vargas Fontecilla, decano de
la Universidad de Santiago de Chile (1):

(1) *El Zipa*, pág. 471. Textos de latín y castellano en Chile.

Otra gramática latina de sobresaliente mérito, escrita igualmente en América, y hasta aquí casi enteramente desconocida en Chile, es la la de los distinguidos filólogos colombianos M. A Caro y R J. Cuervo, que, mediante este y otros muchos trabajos de crítica, de erudición y de amena literatura, han llegado á ocupar un lugar muy espectable en la escena del mundo sabio. Estos dos literatos son admiradores de la gramática de la lengua castellana de Bello, y ambos han hecho de ella el más detenido y profundo estudio, como lo manifiesta la edición que de este libro ha hecho el señor Cuervo en Bogotá (con notas y un copioso índice alfabético). La gramática latina de que hablo está enteramente ajustada á las teorías de Bello, relativas tanto á la gramática general, como las particularidades de la lengua castellana; lo cual constituye por sí solo un gran mérito; y da al trabajo de los señores Caro y Cuervo el carácter de *único* en en su especie. El libro, además, da nociones completas de la lengua latina, expuestas con método, claridad y filosofía, é ilustrada con ejemplos muy bien escogidos de los autores clásicos. Creo poder afirmar, sin temor de equivocarme, que esta obra es superior en más de un aspecto á la de don Francisco Bello.

Pudiera tal vez decirse que su filosofía es demasiado elevada para la inteligencia de los alumnos; pero como este texto, según nuestro plan de estudios, debe ponerse en manos de alumnos que ya conocen la gramática castellana de Bello, la cual contiene las mismas teorías filosóficas, creo que aquella objeción, si llegase a hacerse, carecería de fundamento. La perfecta homogeneidad que reina en ambos trabajos es una ventaja de la mayor importancia, que facilita el estudio del texto de Caro y Cuervo, y lo hace recomendable en alto grado.

Y Gabriel Rosas (1) no vaciló en asegurar que «la Gramática de la lengua latina y el Diccionario de Construcción y Régimen de la lengua castellana, justamente aplaudidos en España por la pluma de Tamayo y Baus y Menéndez Pelayo, influyeron sin duda en que la Universidad de Berlín le distinguiese con el título a muy pocos concedido, de Doctor Honorario.»

En los confines de la analogía, antes de penetrar en el laberinto de la sintaxis latina, la más difícil de las sintaxis y la más elegante, cuya cognación se transparenta en la castellana como en ninguna otra lengua romance, porque la castellana es su hija más hechicera, conviene que los discípulos comiencen a traducir ejercicios sencillos, aplicando los conocimientos adquiridos; y por eso nótase en esta

---

(1) *D Rufino J. Cuervo La Iglesia,* 15 Junio, 1911.

Gramática el acierto de no mezclar la traducción con la composición, por más fácil que ésta sea; práctica que ellos siguieron en contra de la enseñanza simultánea usada por ciertos gramáticos. Graduar los embarazos, proceder de lo obvio a lo complicado, en punto a traducción, tal es la tendencia de Caro y Cuervo. Lástima que no hubieran seleccionado trozos de lectura de progresión perfecta, tomándolos por ejemplo de la *Biblioteca Classica edited by George Long* (London: Whittaker & C.ª) o también en *Bibliotheca Scriptorum Romanorum Taubneriana*, Lipside, Teubner, que son las mejores antologías o colecciones de latinos anotadas por humanistas célebres, antologías que Cuervo y Caro conocían bien, y lástima que ellos no hubieran acomodado a los gustos de los americanos esos fragmentos clásicos de la antigüedad y los escritos de los contemporáneos, y mejor todavía los escritos por ellos mismos. Pues ¿qué tienen, no decimos de malo, pero ni de imperfecto, por ejemplo, los versos de Caro publicados en *Libertad y Orden* de 1903, sobre el jubileo sacerdotal de León XIII, y el himno a Pío X, con idéntico motivo, y *Ad S. Joseph*, y los que se hallan en el volumen II de la Antología colombiana de Isaza, *A la muerte del General Cuervo*, y los de *La Monja desterrada* de Ortiz, traducidos al latín y los que dedicó al novelista Pereda, *Sudor Sanguinis*, con motivo de la desgracia de familia que se apunta en *Peñas arriba*, y otras pruebas más, todas las cuales demuestran que el latín de Caro estaba tan peinado y medrado como el de León XIII, Bembo, Mureto y Poliziano, por no citar sino modernos latinistas en verso y prosa?

Nos reveló un confidente suyo (1) que don Miguel A. Caro guardaba inéditos «tres grandes volúmenes» de versos latinos. ¿Por qué no los publicaba?

> Sabemos, contesta el director de *El Nuevo Tiempo literario*, que el soneto «Oración del hombre público» tiene también su forma latina correspondiente, pero el señor Caro no ha querido proporcionárnosla porque cree que en los tiempos que corren, el latín, como si fuera arsénico, no puede proporcionarse al público sino en dosis homeopáticas, y que por ahora este glóbulo basta (2).

Sudor Sanguinis guardábalo Pereda en un cuadrito colocado en su cuarto de estudio, y de él formuló este juicio (3):

> Tesoro en dos conceptos: como obra magistral de arte, y por el altísimo precio que le da mi corazón, en cuyas profundidades han caído, como bálsamo divino, sus inspiradas estrofas.

---

(1) R. M. Carrasquilla. *Revista.... del Rosario* 1.º Sep. 1909.

(2) Año 1906, pag. 86.

(3) *Revista Nac.* Bogotá Jun. 1897.

De paso advertimos a los que leyeren el artículo de Gómez Restrepo, *Una Carta de Pereda*, publicado en Revista nacional de Junio de 1897, que eviten el error de la data en dicha epístola.

Si Cuervo y su colaborador hubieran preparado una colección de lecturas latinas, habrían reemplazado con ventaja *Selectas Sagradas* de Shmond y *De Viris Illustribus* y *Selectas Profanas de Heuzet*, y *Autores Selectos de latinidad* de Raimundo de Miguel, obras todas conocidas en Colombia, y *Epístolas* de Ovidio, Ponto, anotadas por Andrés Bello y el *Horacio* de Burgos, así como los comentarios virgilianos del meritísimo inglés Conington. Caro traductor de Virgilio, y Cuervo, crítico del traductor, mejor que nadie podían haber preparado el cumplimiento de aquel consejo pedagógico de San Agustín que dice sobre el autor de la Eneida y que todos los comentaristas de Virgilio acogen (1): *Vergilium pueri legent, ut poeta magnus, omniumque praeclarissimus atque optimus, teneris imbilitus amnis, non facile oblivione possit aboleri.* Virgilio, como casi todos los clásicos profanos, con tener su pro y su contra, es preferible no sólo como latinista sino como educador de sentimientos decentes, en consonancia con los del

_____

(1) *De Civitate Dei,* Lib 4, Cap III

Evangelio. Dícelo el Padre F. Catrou (1): *Nu-
lle obscenité dans les paroles; par tout de grands
exemples des vertus morales, et un Heros tou-
jours pieux.*

Mérito, y no poco, entraña también la sintaxis general de la *Gramática* que analizamos,
y suspenden el ánimo sobre todo el tino y la
sagacidad manifestados en la sintaxis particular, que es trabajo ingenioso y concluyente en
cuanto ayuda a conocer e interpretar las bellezas encerradas en los clásicos, y a formar
así el gusto literario de los nuevos latinistas.
Aunque metió en este negocio la mano más
Caro que Cuervo, y aunque opinamos que el
patronazgo mayor de las genialidades sintácticas de los verbos y de las frases en esta *Gramática*, en cuanto a ser regidas y construídas
tócale de derecho a Caro, sabemos que Cuervo era poderoso en la sintaxis latina, como se
ve en las *Notas* puestas por él a la *Gramática*
de Bello, donde donosamente discurre (2):

Cicerón usa un giro como este: *Est Themisto-
clis nomen, quam Solonis, illustrius (ubi su-
pra, 1, 22)*: aquí Solonis está sustantivado
y se traduce el de Solón. De una manera semejante el complemento *modicae fidei*, que
los traductores han vertido hombre de poca

(1) *Aevres de Virgile. Traduction Nouvelle. Préface.*
(2) Nota 54.

fe, y que en el texto griego es un adjetivo, se halla en la Vulgata empleado como
vocativo (Math. XIV, 3) De un complemento
sustantivado en el sentido de adjetivo neu-
tro, nos ofrece ejemplo el siguiente pasaje
de San Agustín: *Quod dixi non est de meo*
sed de Domini mei: aquí hace juego *domini*
mei con *meo*, y sirve de término á la preposición *de:* literalmente podrá traducirse lo de
mi señor.

Véanse además las elegancias ciceronianas
de Cuervo en la siguiente carta.

Magnifico et Clarissimo Viro, Gustavo Roethe, Ordinis Philosopho-
rum, Universitatis Litterariae Fridericae Guilielmae, Decano Digni-
simo—S P D

Rufinus Josephus Cuervo

Et litteras tuas, et Diploma, quibus certior sum
factus ex decreto Ordinis amplissimi Philo-
sophorum in Universitate litteraria Fridericae Guilelmae illustrissima aeiusdem Te Ordinis Decano dignissimo Philosophiae Doctoris
et Artium liberalium magistri ornamenta, ho-
noris causa mihi esse collata, admiratione per-
culsus primo legi, oculisque vix credens ite-
rum legi Tibi, eidemque amplissimo Ordini
pro his honoribus, spe certeque meritis maio-
ribus, gratias ago immortales; et cum bene-
ficii apud me collocati magnitudinem mecum
ipse considero, incredibili gaudio perfundor,
quod iam videam, id Vobis maiori laudi fore
quam mihi, dum amici mei, patria, populi
omnes novo documento confirmatum perspi-

cient, quam ego benevolentiam et magnani-
mitatem expertus sim in singulis, eam cunctae
Germanorum genti esse insitam Vale diutissi-
me, et vive feliciter.

Datam Parisiis, [18, rue de Siam] ante diem VI.
Kal. Nov AD. MCMX

Así pues, razón tiene Menéndez y Pelayo
en llamar a Cuervo «egregio latinista».

La sintaxis especial o superior de Caro y
Cuervo de más a más la conceptuamos mejor
que la de Roby, y eso que pasa la de éste
por la más acreditada en el mundo de las letras latinas modernas; en más de una ocasión,
en la sintaxis particular de Caro y Cuervo, el
juicioso lector descubrirá afinidades con el tratado *De particulis* que escribió el jesuíta Tur-
selino y mejoró y acomodó Hand. ¿Se apro-
vecharían de las enseñanzas de Doederlein,
Dumesnil y Barrault, insignes tratadistas de
sinónimos latinos, para fijar el valor de las voces
que con tanta precision emplean en la *Gramática?*

Por consiguiente otro de los aciertos notables con que engalanaron estos sabios su obra
se basa en la materia de los verbos; los capítulos destinados a la conjugación son lo más
preciso, compendioso y metódico que existe en
el libro. Abundaban sin duda en la verdad que
entraña aquel dicho de Goold Brown (1):

---

(1) *Grammar of English Grammars*, pág 338

Nada es más importante en la gramática de una lengua que el perfecto conocimiento de las verdaderas formas del verbo.

Y por eso también el refrán español:

Quien bien conjuga y declina
Sabe la lengua latina.

En cuanto a la parte prosódica hemos de confesar que ignoramos cómo motivaron los autores la omisión que de ella hicieron, o mejor dicho, por qué no compusieron ellos, que tan capaces eran, una prosodia a propósito. Esa carencia remediáronla en la segunda edición pegándole traducida la que compuso L. Quicherat, mejora que en las ediciones subsiguientes rechazaron. Por ventura tendrían presente que resultaba difusa tal prosodia y no perfecta, pero en todo caso, podían haberla reemplazado con las de Anthon y Le Chevalier. Tamaña necesidad vino a ser asaz remediada con el magistral estudio prosódico de Miguel Abadía Méndez, que, por más que lleva el modesto título de *Nociones de Prosodia latina* parécenos lo más perfecto y apropiado que hemos visto para los países suramericanos. En Colombia no se conocía, hasta que salió la *Gramática latina* de Cuervo con la prosodia de Quicherat, otro tratado para la métrica que *Gradus ad Parnasum* del francés F. Noel

con la parte prosódica que pertenece a Jeró-
nimo Grayas.

Una cuestión tócase incidentalmente en la
Gramática de Caro y Cuervo, por demás deba-
tida, a saber: si después de *q* seguida de *e* o
de *i* debe pronunciarse en todo caso la *u* En
casi todas las provincias de España y de Por-
tugal y en algunas repúblicas hispanoamericanas
no se pronuncia, y en Italia, Francia y Bélgica
sí. Algunas veces hemos oído contender sobre
este caso prosódico, que ahora vamos a estudiar,
sacando en conclusión que lo enseñado por la
Gramática de Caro y Cuervo tiene mucho más
fundamento filológico e histórico que la opinión contraria, pero que es digno de respeto el
uso recomendado por Bello y otros autores.
Por lo demás pocas veces habrá tenido tanta
aplicación como ahora el texto del Brocense (1).
Quantuncunque auctoritate mihi grammaticus po-
lleat, nisi ratione propositisque exemplis, quod
dixerit, confirmarent nullam in se praesertim
grammatici fidem faciet, grammatici enim (ut
inquit Seneca), sermonis latini custodes sunt
non auctores

Atinar con la pronunciación de este signo *q*
en la antigüedad parece punto menos que imposible, de no establecer un serio cortejo de
las gramáticas antiguas y modernas; pero el

---

(1) *Minerva.* Lib. 1 Cap 2

estudio comparativo de los textos de didáctica latina creemos que en este punto, como en
tantos otros, da la palma a Caro y Cuervo.

Cada escritor—y en este asunto son pocos
los que descuellan por originales—se atiene a
un criterio, según el cual debe pronunciarse
la *u* en las combinaciones *que, qui,* u omitirse,
o bien da libertad para obrar como a cada uno
mejor le pareciere. la fonética de los antiguos,
el acomodamiento a las lenguas romances, la
autoridad, la mayor armonía, el uso, sobre
todo el uso, árbitro y señor del lenguaje, datos son que no hay que perder de vista.

Presentemos uno por uno el parecer de escritores de artes latinas, omitiendo buen número que o no se ocupan en la materia o repi-
ten servilmente a los autores que les precedieron, no sin hacer constar dos cosas: primera, que
todos los prosadores y poetas latinos convienen
en afirmar que la *u* en las dichas combinaciones carece de cantidad prosódica, y así nos
cierran la puerta a toda indagación por este
lado; y segunda, lo vario de las definiciones
dadas sobre el concepto de letra líquida. Liquidarse una letra, al decir de Nebrija, es o perder su sonido o pronunciarse velozmente; esto
último sucede con la u en el vocablo *suave.*
Alvarez dice (1):

---

(1) *Prosodia Alvari,* pág 290

Littera liquescunt cum vim roburque aut vocalis consonantis amittunt

Márquez de Medina nota en su *Arte explicado:*

Después de *q*, siempre que sigue *u*, la *u* es líquida. Algunos, poco advertidos, entienden que por ser líquida no debe pronunciarse. Lo cierto es que por causa de buena pronunciación, y no porque la *u* sea líquida, unas veces se pronuncia y otras no.

Calixto Hornero, en fin, entiende por liquidarse la *u* precedida de *q* «perder la fuerza de voces en orden a constituír sílaba».

Todo cuanto trae la *Gramática* de Caro y Cuervo puede reducirse a lo siguiente: La *q* equivale al *coph* de los orientales y al *koppa* del antiguo griego. Esta letra no se usaba sino delante de *o*, letra que de ordinario se representa en latín por *u*. Según Caro y Cuervo la *u* sonaba y debe sonar después de *q*, cualquiera que sea la vocal siguiente. No obstante, agregan, el uso a este respecto es hoy muy vario. Confirman el hecho histórico de la pronunciación de la *u* en lo antiguo, por la manera de representar los griegos aquellos vocablos latinos en que ocurre esa combinación como en Quintus (Kointus), inquilinus (inkoilinus).

La Gramática de Bello anotada por Lobeck coincide con lo anterior «pero la práctica de muchos—dice—es callarla (la *u*) después de *q*, antes de *e*, *i*». Tratándose de Colombia la pronunciación de la *u* está generalizada, así como muchos españoles siguen la práctica que anota Bello.

Rafael Pombo anda muy parco al hablar de la *q*.

J. D. Monsalve se hace cargo de la pronunciación de la *u* después de *q*, y nos remite a la práctica indicada por Bello, práctica que acepta sin discusión.

Abadía Méndez en su *Prosodia latina*, apunta que la *u* tiene valor fonético.

Adviértese que en Aragón y quizá en otras provincias del levante de España es valida la costumbre de pronunciar la *u* tras de *q* en todo caso, contra el uso común en el resto de España.

Oigamos ahora a Sicilia (1), pues en materia de fonología alfabética y etimología goza de no despreciable autoridad:

Es una cosa si no cierta, á lo menos muy probable, que los latinos no articulaban nunca la *q* sin que esta articulación recayese sobre un diptongo cuya letra prepositiva fuese la *u*. Así es que usaban la *q* para el monosílabo *qui* y la *c* para el bisílabo *cui* en da-

(1) *Lecciones de ortología y prosodia*, Tomo 2, pág 61 nota

tivo. Hubo sin embargo entre los romanos, algunos que en los tiempos más antiguos escribieron *qi, qae, qid*, de quienes dice Quintiliano. *Fortasse etiam sicut scribebant ita et loquebantur*, pero esto indica que en tiempo de Quintiliano no se pronunciaba así. Hé aquí, pues, una razón más para motivar el uso de la *u* después de la *q;* no porque nosotros demos ni el menor sonido de *u* cuando pronunciamos *que, qui*, sino porque la ortografía latina ha prevalecido en nuestro uso, aunque la pronunciación haya dejado de ser la misma. El vulgo de los gramáticos nos dice que esta *u* se liquida ó elide: yo no me empeñaré nunca en disputar de voces, siempre que confiesen que esta *u* no suena de manera ninguna, lo cual es un dato que no podrán negar. No sonando, pues, absolutamente esta *u* no hay más motivo para retenerla sino el considerarla como parte integrante del signo ó letra.

Sobre el uso de la *q* escribe Quintiliano (1):

Hace dura la pronunciación de las sílabas la *q*, la cual sirve para unir las vocales que se juntan, como cuando escribimos *equos, equum;* para las demás vocales es inútil, formando dos de ellas un solo sonido, cual jamás se oyó entre los griegos, y por la misma razón no se puede escribir en letras griegas.

---

(1) *Instituciones oratorias*, Lib. XII, Cap 10

El uso de aquellos a quienes Quintiliano alude (en Sicilia) pudiera apoyarse en el modo de pronunciar del sánscrito y el hebreo. Sánscrito *kas, ka, kam* (qui, quae, quod). La misma radical (kaph) es el fonema hebreo.

Obsérvase en las Notas, adiciones del libro 3.º de la Historia universal de Cantú, lo siguiente:

> Es de creer que los latinos pronunciaban la silaba *que* como se pronuncia en francés. Un juego de palabras de Cicerón el *facetus cónsul* parece probarlo. El hijo de un cocinero (coquus) le pedía su voto, y él respondió: *tibi quoque favebo,* estableciendo el equivoco entre el *quoque* y *coque.*

Pero si damos fe al señor Cejador, en los ejemplos aducidos por Cantú se trata de excepciones que por lo mismo no concluyen nada acerca de la tesis que el historiador intenta probar.

> En algunas palabras—copiamos á Cejador (1) —no sonaba la *u: coque* (cocinero)—*quoque,* de donde, *quotidie,* etc ; así como *cuius, cui* por *quoius quoi, aecum* y *aequom—aequum, concutio* de *quatio, cum quum.*

El propio Cejador (2) participa de la opinión de Cuervo cuando dice:

---

(1) *La Lengua de Cervantes,* pág 97.
(2) *Ortología y Ortografía,* pág 201.

La *u* sobra en *qu*, aunque se conserva por etimología latina: *que* suena *ke*, en latín sonaría *cue*.

Y más adelante trae esta observación en confirmación de lo dicho:

Las paladiales *a, o, u, (ca, co, cu, ga, go, gu)*, suenan como tales; con *e, i* para sonar como paladiales sencillas, han de llevar *qu, gu, (que, gue, gui)*, por haberse perdido la *u* de la pronunciación de estos grupos latinos.

Después de lo apuntado, todo lo que resta que decir parece que más confirma el uso, dejando a un lado el derecho o la teoría fundada en los orígenes de la fonética latina. El hecho o uso de la pronunciación *que, qui* es entre los chilenos idéntica a la generalidad de los latinos españoles; siguen a Bello en aquella república, como a Caro y Cuervo en Colombia.

Calixto Hornero, escolapio, en su *Ortografía de la gramática latina*, escribe esta glosa:

Aunque los antiguos escribían *qi, qe, qod*, sin *u*, al presente se debe escribir con ella.

Vallina en la página 269 de la *Gramática latina-ortográfica* da las siguientes reglas:

Antes de E y de A
La U pronunciarse debe,
Pero antes de otras vocales
La U no tiene sonido:
De este modo se distingue
Del QUAE cuando es relativo.

Y glosa:

> La *u* después de *q* se pronuncia, si la sigue *a* ó *e*, pero no antes de las demás vocales.... Tampoco debe sonar la enclítica *que*, pues fuera de que es ir contra la común que está en uso entre los instruídos de la lengua latina, sería confundir esta partícula con el relalivo *quae*.

Márquez de Medina en su *Arte explicado* aumenta las excepciones admitidas por Vallina, y dice:

> Cuando á la *u* después de *q* sigue *a, e* ó diptongo, se debe pronunciar..... pero cuando á la *u* sigue otra vocal (quia, qui), no debe pronunciarse; como también cuando sigue otra *u*. Tampoco se pronuncia en la conjunción *que*, ni en otras dicciones acabadas en *que: undique, quoque, quinque*: ni en *queo, nequeo, usque, usquequo*.

Por último, de Miguel (1), de indiscutible autoridad, es más radical que los anteriores cuando enseña:

> No se pronuncia la *u* después de *q* en las combinaciones *que, qui*, como en *quivis*; pero deberá sonar cuando sigue diptongo.

Raimundo de Miguel parece el portaestandarte genuino de los españoles en el asunto

---

(1) *Gramática latina*

que nos ocupa Como se ve, la misma variedad de pareceres dentro del terreno de la
opinión general en una nación indica que hay
que atenerse al *uso* corriente, aunque, a decir verdad, mientras no surjan razones más
poderosas, concluiremos que Cuervo está mucho más cerca de la verdad que los otros, y
que su condescendencia con el uso particular de
las regiones lo hace inmerecedor de los ataques de aquellos que no opinan con él. Y basta
de este asunto.

A fin de recontar todos los méritos que contiene la *Gramática*, no debemos echar en saco
roto esta muy justa y laudatoria observación
que hizo don Obdulio Palacio Muñoz cuando
habló (1) de las *Notas e ilustraciones* que están al final:

> Son estudios sorprendentes de psicología, pers-
> picuidad y erudición, tanto más que á la
> sazón si se tenía noticia entre nosotros de
> la ciencia de los Bopp y los Diez.

Platicábamos cierto día con don Miguel Antonio Caro sobre el amor que se iba desper-
tando en Colombia hacia el estudio de la lengua latina, y aquel hombre, cuya boca era un
tequendama de erudición, se lamentaba de
que no se conociese como merecía al tunjano

---

(1) *Rufino J Cuervo, patriota* Anuario de la Academia T II

Fray Andrés de San Nicolás, Agustino recoleto, en su calidad de latinista, en verso y
prosa; hízonos observar cómo escribía mucho
mejor en latín que en castellano, con ser
éste el lenguaje que hablaba y aquel el que
estudiaba en obras escogidas, y nos lo presentó como el mejor poeta latino de Colombia.

Mientras conversaba Caro, íbamos descubriendo en él analogías muy claras con el elo-
giado, y así se lo dijimos por remate de la
conversación:

—También los versos latinos de usted son
mejores que los castellanos.

—¿Será porque mis libros favoritos son los
clásicos latinos?

—Y usted tiene una deuda con la patria:
la de no haber fomentado con una buena prosodia latina el cultivo de la métrica.

A los pocos días salió a luz un folleto *Los
malos versos, Apuntes para una sátira* por Gualberto Coria y Montiano, y recibimos un ejem-
plar con amable dedicatoria del autor, quien
puso al pie de Gualberto Coria y Montiano:
Anagrama de Miguel Antonio Caro y Tobar.
Al hojearlo, notamos estaban subrayados estos
versos del poema con lápiz azul:

> *En números latinos, fina malla,*
> *A encadenar el pensamiento aprenda.*

IV

.

SI por cada vez que han llamado a don Andrés Bello el mejor gramático de la lengua castellana, se le hubiera erigido una estatua, habría en cada capital de las repúblicas iberoamericanas más estatuas que monolitos en el camino del sepulcro de la dinastía Ming. Y no decimos esto para expresar desagrado por tales alabanzas, sino para ponderar la inmensa fama de aquel gramático.

Pero ¿ha sido la crítica tan justa con el anotador Cuervo como con Bello? ¿Carece de interés la labor del sabio bogotano al lado de la del caraqueño? ¿O es que se cumple aquel axioma filosófico, que lo principal absorbe lo accesorio? ¡Fenómeno inexplicable en realidad! Cuando pasó Rufino José a la de los inmortales dejando la vida terrena, nosotros que admiramos todos y cada uno de sus libros, dimos

en la flor de coleccionar las publicaciones que
acá y en países extranjeros trataron, con aquel
motivo, de su vida y muerte; y de tantas y
tantas como ensalzaron su nombre, dos o tres
que sepamos tuvieron alguna frase encomiástica
para las *Notas* con que enjoyó la *Gramática*
del excelso humanista. Pues ¿no hubo, tiempos atrás, quien lejos de agradecer los esfuerzos del anotador, dio en la tema de desfigu-
rarlos con incalificable desatino? Y ¿no se vio
el caso de que el cubano Juan Ignacio de Armas, el año 1879, lanzó en la *Opinión nacional* de Caracas afirmaciones asaz descami-
nadas y libres, mas por fortuna le salió al encuentro, la visera alzada, con paso de vence-
dor, el gigante de las letras, Caro, y obligó al
malsín y poco venturoso crítico a batirse en reti-
rada? (1). Este modo de sacar la cara, no era
acto de la benevolencia y amistad que unió a
Caro con Cuervo, sino de justicia reparadora,
ya en pro del anotador, ya del autor de la *Gramática,* porque es lo cierto que Miguel Antonio amó a uno y a otro con amor de sabio.
Que a Bello tuvo siempre especial dilección
lo demostró con las notas y los nuevos apéndices que puso a una edición que se hizo
en 1882, en Bogotá, de *Principios de ortología y métrica de la lengua castellana,* así

---

(1) *Contradiálogo de las lenguas* Rep Col Nov. 1880

como también con muchas y muy extensas alusiones que por manera incidental fue derramando en sus escritos. No fueron Caro y Cuervo solamente quienes cuidaron de las enseñanzas del grande humanista y las remozaron, pero también otros varios colombianos tomaron a pechos el mismo negocio, como lo rezan a voz en grito *Estudios gramaticales, Introducción a las obras filológicas de D. Andrés Bello*, por don Marco Fidel Suárez, *con una Advertencia y Noticia bibliográfica* por don Miguel Antonio Caro, obra que salió premiada en el concurso abierto por la Academia colombiana para conmemorar, año 1881, el centenario del nacimiento de Bello; así como también *El Poema del Cid, Ensayo crítico sobre la obra de D. Andrés Bello,* por don Lorenzo Marroquín, premiada también en la misma ocasión, y la tarea de algunos de los gramáticos y humanistas mencionados en el Capítulo II, quienes calcaron sus doctrinas en las de Bello, compendiando o aclarando la *Gramática* de éste. De donde queremos concluír que acá, más que en el mismo Venezuela y en Chile, se estimó al maestro en lo que vale, y se le pagaron los servicios que prestó en Londres a la patria de Cuervo.

Pues bien, en Dios y en nuestra ánima que no habremos ahora de analizar la *Gramática,* que, según el fallo de la ciencia, es obra no sólo de un ingenio superior, sí que de un maestro, en el sentido estricto del vocablo, de un entendimiento creador de sistemas ocultos a los sabios hasta que él los puso en el mercado de los productos del talento. Si afirmáremos que este libro vale en muchas cosas, más, mucho más, que el de la Real Academia, ¿qué dicho original, del que se pueda maravillar el escolar más primerizo, proferimos? Con efecto, después de los Suárez, los Caros, los Cuervos, los Marroquines, los Isazas, los Guzmanes, ni el más ingenioso podrá conceptuar primores, porque ellos escribieron con la última gota de la originalidad las páginas más inefables.

Por lo tanto, no comentaremos la excelencia de los criterios que guiaron a Bello, ni el método analítico, ni la unidad y originalidad del plan, donde vense influencias doctrinales de Garcés, Condillac, el Brocense, Tracy y Prisciano, ni los principios ortológicos y ortográficos que estatuye, ni los muy precisos caracteres que descubre en las partes de la oración y sobre todo en el verbo, cuyas irregularidades reunió y sistematizó en grupos y clases, con sagacidad nunca imaginada, así tanto, que, en viendo esta obra la Real Academia española, se aceleró a conferir a su autor título de individuo honorario.

Nosotros en este lugar trataremos de lo mucho que la mejoró don Rufino José, no guiado ciertamente por espíritu de piratería bibliográfica, sino de amor a la ciencia universal y más a la hispanoamericana.

Nueve ediciones llevaba hechas ya en Chile la *Gramática de la lengua castellana, destinada al uso de los americanos*, por don Andrés Bello, cuando el señor Cuervo ideó estamparla en Bogotá, añadirle importantes notas y apéndices y someterla a la ortografía académica. Así, pues, el año 1874 en la imprenta de Echeverría Hermanos, venezolanos, vio la luz pública, y por segunda vez en 1881 ataviada con mayor número de mejoras, y últimamente, año 1898, en la sexta edición de Camacho Roldán y Tamayo, que es la que tenemos a la vista y a la que nos referiremos.

Porque iban reproduciendo la *Gramática* con las *Notas* en distintos países, sin el beneplácito de Cuervo, y lo que peor es, cometiendo garrafales errores de redacción, éste levantó la voz reclamando el derecho de la propiedad literaria, revisó esta edición y añadió en ella las *Notas* como cuerpo aparte, ampliándolas por lo menos un tanto sobre las anteriores; como que la *Gramática* tiene 366 páginas, y las *Notas* incorporadas con portada y colofón propio, 160.

Agradezco, dice él con exquisita modestia (1) debidamente á mis apasionados la importancia que dan á mis obras, pero no puedo perdonarles que me atribuyan la presunción de creerlas inmejorables

Movió el ánimo del autor a editar en 1874 esta *Gramática* con la ortografía antigua el ver que en las ediciones de Chile se habían ido introduciendo no pocas erratas con descrédito de Bello, y como Cuervo reputábala «obra clásica de la literatura castellana» (2), se tomó el trabajo de compulsar y cotejar unas y otras ediciones, hacerles un expurgo algo más que venial y aderezar una con mejoras tipográficas cual convenía, quitándole, a fin de dotarla de carácter didáctico universal, la ortografía de los neógrafos empleada en Chile, y que en muchos países hispanoamericanos era desconocida, o si no, andaba disonante y como cosa de escándalo.

Firmeza de carácter y arrojo demostró para introducir la ortografía vieja en dicha obra, y a no mediar el grande amor, una especie de culto, que profesaba a la lengua nativa, y las muy graves razones que militaban en pro de su dictamen, habría, sin duda, fracasado en su primer intento. No podía consentir en que

---

(1) *Notas.* Intr
(2) *Notas* Introd

se estropease el castellano escribiendo v. gr. jenio en lugar de genio; carcax, en lugar de carcaj; ainco en vez de ahínco; rrazón en lugar de razón; qixada por quijada; zelo por celo; mui por muy, etc.

Ni pretendió directamente enmendar la plana al maestro, porque, dicho sea en honor de la verdad, Bello se declaró innovador pero no corruptor contumaz ni reo de temeridad e insensatez, valga lo que él mismo escribió en el *Prólogo*, a saber: «El conservar el esplendor del lenguaje sea que yo exagere, o no el peligro, él ha sido el principal motivo que me ha inducido a componer esta obra»; lo cual es muy creíble por cuanto se autocorrigió en algunas cosas, tenía antecedentes en la historia de la gramática su reforma, según indicamos en otro lugar, y las razones de la escuela que abogaba por la ortografía fonética no carecían de fundamento (1), si bien valen más las que defienden la ortografía etimológica. Fue por esto por lo que Cuervo, partidario de la escritura que se basa en las etimologías de las palabras, metió su hoz en la mies del señor Bello, y, por cierto, con éxito no leve. En efecto, don Rufino José, de la misma manera que Bossuet, de Sacy y Nodier en Francia, no podía, no quería, abrir la puer-

---

(1) *Roosevelt y la ortografía inglesa*, por el Dr. J M. Dihigo

ta a la irrupción neográfica que llevaba camino de desfigurar y aun corromper pronto el
castellano, los signos de cuya escritura, so el
especioso sofisma de que deben ser sencillos
y exactos para que el habla lo sea también
en sus sonidos articulados, brindaban ocasión
a que se encubriesen más y más el origen y
el uso de los vocablos y se formaran los dialectos. Rómulo Amaceo y Angelio de Barga
pretendieron destruír la lengua italiana, pero
favorecían la latina Los neógrafos de acá
¿cuál favorecían?

Escribir las palabras tal como se pronuncian
para facilidad de los forasteros y de los ru-
dos que estudian nuestra lengua, es dificultar
el conocimiento de ella a los de casa. Supri-
mida la ortografía, cambia la fisonomía peculiar de los vocablos, y el parentesco de unos
con otros se desvanece; a las palabras griegas, a las francesas, a las italianas, etc., que
ya se arraigaron en Castilla no se les podría
conocer la procedencia: la ciencia de la etimología no es cosa baladí sino grande auxiliadora de la historia, de la geografía y ciencias similares.

Por otra parte, de admitir la neografía, cada
país, cada región, necesita signos y fonemas
distintos para escribir según la pronunciación
local. Pongamos por caso la distinta fuerza
fonética empleada para la *s* final que pro-

nuncian los habitantes de las regiones centrales de Colombia y los de la parte litoral; en éstos el sonido silbante de la consonante dicha casi desaparece y suena algo así como una *h* aspirada o una *z* muy suave; del mismo modo era forzoso que los antioqueños suprimieran la *ll* y adoptaran la *y;* y visto es que la *z* y la *c* pronunciada por los castellanos es mucho más fuerte que pronunciada por los colombianos; en boca de éstos resulta un sonido suavizado, pues la silbantización se atenúa; la *j* muy articulada por los españoles suena en los colombianos como la *h* inglesa; la *x* para aquellos tiene sonido de *gs* y para éstos marcadamente de *cs*, caso raro este último, pues ya es de clavo pesado el reconocer que los americanos tienden a suavizar los sonidos fuertes, como si fuera fenómeno de explicación etnográfica, ya que los chibchas, según puede verse en la *Gramática* del Padre Lugo, y las otras razas indígenas, no pronunciaban la *ch*, la *j* y otras letras cual los españoles, sino más dulcemente, y por eso los dialectógrafos inventaron ingeniosos fonemas.

No olvidemos que el tipo para la acentuación y pronunciación de nuestro idioma es el habla de Castilla 'pronunciado por los castellanos mejor que por los otros españoles. A demostrar convincentemente este aserto vino la eruditísima obra del sacerdote Felipe Robles Dégano (1), quien ha demostrado que la pronunciación actual de los castellanos es la misma del siglo áureo, y lo ha demostrado por un procedimiento ortológico muy bien hecho: estudiando, midiendo, comparando y como sompesando verso por verso, todos los poetas recopilados en la biblioteca de Rivadeneira; como si dijéramos, ha desentrañado las leyes rítmicas del lenguaje, la rima, la acentuación, la sinalefa, las licencias poéticas, los diptongos y las vocales concurrentes, y ha hecho resaltar la verdad de los hechos que aduce.

¡Y cómo se reiría el señor Cuervo de la cuestión novísima sobre la *ortografía racional* en estos tiempos de volapuk y de esperanto!

Así que opina el anotador que, si bien el idioma no puede estacionarse, como obra humana que es, no debe cualquiera infringir las leyes actuales, sino que de incumbencia de la Real Academia es limpiar la lengua, fijarla y darle esplendor; y en carta a Ernesto Quesada confiésalo así:

Yo por mi parte, declaro que, aunque juzgo inevitable la disgregación del castellano en época todavía distante, procuraré siempre escribir conforme al tipo existente aún de la lengua literaria.

---

(1) *Ortología clásica de la lengua castellana.* Madrid, 1905

Hase observado que el alfabeto de todas las lenguas es esencialmente conservador, aunque las lenguas se muevan impulsivamente.

Y este desarrollo (del lenguaje), asevera Max Muller (1), no depende del capricho del hombre sino que es dirigido por leyes que una observación atenta puede descubrir y hacer remontar á leyes de un orden superior que dirigen los órganos del pensamiento y de la voz humana.

Otro de los servicios interesantes que prestó Cuervo a Bello fue el de verificar las citas y los pasajes y textos, que se hallan en la *Gramática*.

Como materia que se toca con la pureza del texto me ha parecido advertir, en atención á la escrupulosidad que hoy se acostumbra usar en las citas de los autores, que en esta Gramática aparecen con frecuencia modificados los ejemplos. Unas veces se ha visto precisado á ello nuestro Autor, á fin de redondearlos, pulirlos y acercarlos, sin menoscabar su pureza clásica, al tipo del castellano actual, dándoles al mismo tiempo la forma más adecuada para que puedan útilmente encomendarse á la memoria (2).

---

(1) *Lectures on the science of language* III

(2) Lugar cit

En seguida trae don Rufino José algunos ejemplos y las correcciones del caso en la introducción a las *Notas;* ejemplos y correcciones que don Miguel Antonio Caro tomó por su cuenta y clasificó tal como se ve a continuación (1):

Sin las particularísimas circunstancias en que se halla el revisor, señor Cuervo, enfrascado en el estudio minucioso de los clásicos castellanos, el más entendido, paciente y laborioso revisor no habría osado ni podido ejecutar el trabajo de verificación de citas que por pasatiempo de erudición, á medida que corregía las pruebas de imprenta, y auxiliado de su prodigiosa memoria, ha desempeñado el filólogo bogotano.

Hoy en obras de investigación, y mayormente en las filológicas, se escrupuliza mucho en citar las autoridades con referencias completas y señas ciertas del lugar de donde se ha tomado cada trascripción, de suerte que sea facilísimo á cualquier lector verificar por sí mismo cualquiera cita.

Bello (quizá por temor de erizar de citas menudas las páginas de un libro destinado á la enseñanza) se contenta con poner el nombre de cada autor, sin añadir ninguna indicación bibliográfica. Y como en la Gramática se citan no pocos autores y se copian cerca

---

(1) *Estudios gramaticales,* etc *Advertencia y noticia bibliografica,* pág XIII

de mil pasajes, se comprende que Bello pudo
dejar, como dejó correr, desde la primera
edición, algunas trascripciones alteradas, sin
que él mismo tuviese después medio de comprobar el punto ó de rectificar el yerro.

Cuervo, verificando la mayor parte de las citas
que trae Bello, ha descubierto muchísimas
alteraciones que pudiéramos clasificar así:

a) Erratas que se deslizaron desde las primeras
ediciones, como *Sabeto* en vez de *Sebeto*, en
un pasaje de la conocidísima égloga de Fi-
gueroa.

a) Erratas que se introdujeron sólo en algunas ediciones, acaso por correctores que en-
mendaron lo que no entendían, tales como
rubís por *tabís*, en este pasaje de Tirso:

> *La pascua...*
> *Viste bizarra los campos*
> *De felpas y de* TABÍS.

b) Pasajes que Bello alteró adrede, introduciendo alguna voz que le pareció más propia,
más oportuna y más clara (como *trabajos* en
vez de *vidas,* en « Divididos estaban caballe-
ros y escuderos, éstos contándose sus *vidas*
y aquellos sus *amores*» Cerv.); un término
más conciso y usado *(arrodillada* en vez de
arrojada á sus pies (Coloma); ó quitando
una repetición («Qué ingenio *puede haber*
en el mundo que *pueda presumir.* ..» Cerv.;
«qué ingenio *habrá....* Bello); ó en fin, en-
tresacando de un largo y embrollado perío-

do una frase bien hecha (como una tomada
de Alfonso XI en el número 112 de la Gramática). Todo ello con el manifiesto propósito
de dar la mejor forma á pasajes que han de
encomendarse á la memoria.

b) Otros pasajes en que la corrección ó alteración es de dudoso origen y acaso inconve-
niente.

> *No hay paz que no alteres*
> *Ni honor que no turbes,*

dice Tirso de Molina, y Bello lee *enturbies*.
¿Los reyes tenéis por *santo* y por honesto lo
que os viene más á cuento para reinar?
Es interrogación que Mariana introduce en boca
de otro; Bello lee *justo* en vez de *santo;* no
advierte quién habla en Mariana, y quita la
forma interrogativa, de donde resulta convertirse en aforismo absoluto del escritor (y
de un jesuíta) un pensamiento indirecto, figurado y dubitativo.
Por nimio respeto, el señor Cuervo no ha corregido en el texto sino algunas de las erratas patentes, salvando las demás en sus notas; donde advierte asímismo muchas particularidades por el estilo de las que aquí
hemos consignado como muestra de la me-
moriosa y sagacísima investigación de este
querido y respetado amigo

Pasaje es éste largo y hermoso que tiene el
mérito de haber sintetizado la doctrina que
se halla en dicha introducción. El verificar

tanto texto supone un trabajo engorroso con el que apechugó don Rufino José ímprobamente cumpliéndose pocas veces como ésta aquello de Virgilio (1):

In tenui labor at tenuis non gloria.

Mas con entrañar las *Notas* mérito tan extraordinario, Cuervo ocupará siempre secundario lugar, y pasará casi inadvertido para la mayoría de los lectores.

La nomenclatura tradicional merece en el arte gramatical no poco respeto, y el doctor Cuervo, en este punto, quiso que el lenguaje técnico, sin dejar de ser científico, se conciliase con la claridad y el método de los nuevos rumbos de la filología. Servirse de absurdos fáciles para enseñar a los escolares nociones fundamentales y conceptos altos es procedimiento ineducador y, a la larga, pernicioso. El no hizo más que estudiar a fondo la parte biológica de la verdad gramatical y analizar la historia o evolución ascendente de la disciplina lingüística para compendiar a Bello y acomodar sus principios a las exigencias de la época, modernizándolos y dándoles fecundidad y hechizos.

En las construcciones irregulares del verbo *ser* y el empleo metafórico de los tiempos y

(1) *Georg* Lib IV

sus cognaciones en la sucesión hereditaria de las voces respecto del acento, no añadió nada porque el autor a quien revisaba era eximio maestro, empero sí corrigió la doctrina de este acerca de las funciones características del infinitivo (1) cuando asignó el anotador al infinitivo su carácter final, histórico, complemento acusativo en algunos verbos, preposicional o sea precedido de preposición, regido de relativo o de interrogación, sujeto, agente o nombre de acción, etc. Sobre el verbo dijeron primores uno y otro. Por supuesto que acerca de esta materia tan abstrusa todavía no se ha pronunciado la última palabra, y mucho tiempo pasará hasta que los gramáticos lleguen a entenderse, si llegan algún día. A fines del siglo XVIII fundó en París Domergue una Sociedad gramatical que se propuso entre otras cosas recoger definiciones del verbo para resolver las dudas que andan a su alrededor, y habiendo reunido más de 260 definiciones distintas, a la Sociedad no le satisfizo ninguna (2). Aun hoy el conspicuo Robles Dégano con su *Filosofía del verbo* no ha podido conciliar los criterios de los modernos filólogos. Si se escribieran monografías tan sesudas como la del señor Caro, *Tratado del par-*

---

(1) *Nota 70.*

(2) *Journal de la langue française.* Sep 1781

ticipio, uno de cuyos puntos principales es elucidar que el derivado verbal conocido comúnmente con el nombre de gerundio no pasa de ser en muchísimas ocasiones otra cosa que participio de presente, y páginas tan eruditas como las que contiene el *Tratado del gerundio* del mejicano Rafael Angel de la Peña, a buen seguro que avanzarían más las disciplinas gramaticales sobre el verbo.

Don Andrés Bello se dejó inspirar por Garcés (1) con no pocas observaciones sobre los usos del adverbio y la preposición, y copió de él algunas citas, pero otras veces fue verdadero inventor de ideas, v. gr. aquella de exhibir el *que* con relación de anunciativo, teoría que después confirmó Bopp; así como también Federico Diez siguió varias enseñanzas de Bello relativas a la preposición. La tarea de don Rufino José fue dejar bien parado al maestro en las dificultades originadas por el progreso de la ciencia. En el tomo primero del *Anuario de la Academia colombiana* publicáronse unas páginas suyas sobre el sufijo *o* que corroboran la razón que asistió a don Andrés para denominar participio sustantivado al que antes llamó participio sustantivo, mutación que encierra más importancia de la que parece. Así

---

(1) *Fundamento del vigor y elocuencia de la lengua castellana*

es como se cumplió aquel dicho del erudito
Luis Eduardo Villegas (1):

> Sus *Notas* á la Gramática de la lengua caste-
> llana de don Andrés Bello, son complemen-
> to indispensable de este libro magno. Decir
> que corren parejas estos dos trabajos, es el
> mayor elogio que del linguista colombiano
> puede hacerse En algunos departamentos
> de la Gramática, cayó tan original y honda-
> mente, como el mismo ilustre venezolano en
> el análisis de la conjugacion castellana Los
> nombres del eximio caraqueño y del bogo-
> tano eximio correrán siempre apareados.

El mencionado crítico Palacio Muñoz muy
bien añade (2):

> A mi ver estas *Notas* dejan muy zagueras las
> antes tan ponderadas de Merino Ballesteros
> y las posteriores de D. L. M. Diez (profesor
> de Curaçao), no obstante su indiscutible valor.

Mas no siempre, como es sabido, el señor
Bello estaba en lo cierto, y por eso Cuervo di-
siente y corrige los yerros, aunque con una de-
licadeza muy encantadora. Ejemplos al canto:

> Con toda la modestia que cumple al discípulo
> cuando habla del maestro, creo que he adop-
> tado explicaciones que podrían tacharse de
> mecánicas.

---

(1) *El Tiempo* 19 Julio, 1911
(2) *Anuario*, t II. Pag 340.

En otro lugar:

Presento mis observaciones no como reparos ó mejoras, sino como muestras de exploraciones hechas por otro lado y á distinta luz.

¡Esto dice todo un Cuervo!

Bien está en él que se menosprecie, para que no le falte ni siquiera el mérito de la modestia, en cambio hay quien asegura (1):

Son tantos los beneficios proporcionados por Cuervo á la magnifica obra de Bello que en más de una ocasión se ha dicho que Bello á fuerza de mejoramiento ha acabado por ser más Cuervo que Bello. Los que por circunstancias especiales hayan tenido que consultarla habrán podido comprobar el mérito de la misma que tanto encarece en su introducción el filólogo colombiano, indicando, con muy buen juicio, que la gramática debe aliar el análisis psicológico en la investigación de los hechos externos del lenguaje; algo de lo que no hizo la escuela empírica de Bopp al estudiar su estructura, conformándose tan sólo con los elementos externos del mismo; error grave, gravísimo, suprimir la parte psicológica como causa fundamental para comprender las múltiples variantes que en el campo de la semántica pueda ofrecer el lenguaje y que fue preocupación muy principal de aquellos, que á impulsos de una feliz inspiración de Scherer y de

(1) Juan M Dihigo *Rufino Jose Cuervo. Estudio crítico*

Leskien, al fundar la importante escuela de los neogramáticos, supieron aquilatar el mérito de este elemento tan esencial para la vida del lenguaje. Las notas que Cuervo añadiera á la *Gramática* de Bello demuestran la gran erudición que poseyera, su profundo dominio en el movimiento lingüístico revelado ya cuando cita á Hermann Paul para señalar algo interesante de sus *Principien der Sprachgeschichte*, como á Delbruck para demostrar algo consignado en su admirable *Vergleichende Syntak der indorgermanischen Sprachen*, como á W. Meyer con ocasión del género, por lo que valer pudiera su *Die Schicksale des lateinischen Neutrum im Romanischen*, ó al gran continuador de Diez en los estudios románicos Meyer Lubke, y á tantos más como Schuchart, por ejemplo, autor de la obra interesante sobre el *Vocalismo del latín vulgar*. En esas *Notas* hace observaciones atinadas acerca de las letras del alfabeto y en más de un caso aléjase del maestro respecto del concepto que en algún punto mantuviera

De más a más introdujo en la *Gramática* Cuervo un *índice* alfabético de materias y otro de autores que significan trabajo capaz de probar la paciencia de Job; trabajo ímprobo, mecánico, inglorioso para el autor, pero utilísimo para las aulas (1). Verdaderamente, de no sa-

---

(1) Véase *Diccionario abrev* de Uribe, Prol

ber quién era y cuánto amor profesaba a la ciencia y a su patria este maravilloso Tostado de Colombia, podríamos dudar de sus muy equilibradas intenciones. ¡Cerca de mil pasajes revisados !

Debemos advertir que la Nota 1 resume un artículo muy extenso llamado *Disquisiciones sobre antigua ortografía y pronunciación castellanas* que publicó Cuervo en la *Revue Hispanique* (1), donde abundan comprobantes y detalles nuevos de importancia que en esta *Nota* no aparecen.

Endereza el anotador la opinión del señor Bello en la Nota 4, referente a la noción de sílaba, pues aquel no admite que las sílabas sean «miembros o fracciones de cada palabra, separables e indivisibles» por cuanto hay sílabas que son separables y divisibles, por ejemplo : *grue-so*, que se puede descomponer : *grue-so ;* además las voces monosilábicas en este caso no serían sílabas porque no representan fracción o miembro, sino un todo, una palabra. Por eso dice en la *Nota* que «es preferible la definición vulgar de sílaba», o sea la que da la Gramática de la Academia. Quisimos sospechar que en llamar «definición vulgar» esta definición, tenía su poco de malicia Cuervo; pues podíase interpretar vulgar por común y

(I) Tom. II pp. 1-69.

corriente, y también por anticientífica o inerudita. Que lo es en el último sentido, muy claro lo han puesto los autores que de ello han tratado, porque al definir la Academia la sílaba como «la letra o reunión de letras que se pronuncian en una sola emisión de la voz», falsea la realidad de las cosas, puesto que no pronunciamos en la conversación ni en la lectura silabeando sino que decimos muchas palabras tan aprisa, que no emitimos golpe de voz para cada una. Por dicha nuestra en la novísima edición de la Gramática oficial se varió aquella definición por ésta· «la emisión indivisa de un sonido vocal, sea simple o compuesto, ora solo, ora acompañado de articulaciones consonantes». Como si dijera: sílaba es cada vocal aislada o bien con sus diptongos, triptongos, etc., o bien con sus consonantes; de donde resulta que cada palabra posee tantas sílabas como vocales, exceptuando los casos diptongados. Hay quien pone reparos todavía a la definición académica por cuanto en rigor no hay sonido vocal simple, que conste de vocal aislada. Así como en las lenguas arias europeas resulta de muy difícil pronunciación la vocal sola, en las lenguas semíticas tampoco va ninguna vocal sin consonante, ni consonante sin vocal, y en esta disposición aparecen sus alfabetos silábicos; va siempre constituída la sílaba en hebreo, por ejemplo, por una consonante a la cual se agrega la vocal correspondiente que recibe el nombre de moción, señalada con un signo convencional de los llamados puntos masoréticos. Dicho con propiedad, la vocal aislada no puede existir en castellano, sino como excepción. Razón tuvo, pues, Cuervo para llamar vulgar la definición de la Academia.

La *Nota* 70, que versa sobre el carácter del infinitivo y sus funciones, repite y magnifica la doctrina sentada por Cuervo en el *Anuario de la Academia colombiana*, en que se publicó un trabajo sumamente doctrinal sobre los usos del sufijo *o* en castellano, basado en las enseñanzas de Francisco Bopp, que fueron a la vez mejoradas por él con deducciones originales. Motivó estas páginas cierta sesión académica en la que se suscitaron dudas sobre los sufijos al tratar de la voz neológica *asocio* conocida acá y en otras varias repúblicas.

Afortunado sale al averiguar cómo el infinitivo latino, en las lenguas romances, proviene de un nombre activo en caso dativo, lo cual constituye un verdadero adelanto, puesto que demuestra el carácter modal del verbo dentro de las categorías gramaticales, por un procedimiento comparado, desbaratando la exposición morfológica admitida por la Academia hasta entonces. Las conexiones de relación entre las lenguas y principalmente la sánscrita, estudiada a la luz de la investigación para comprender los elementos y el proceso de evolución, hicieron que Cuervo cayera en la cuenta de que el infinitivo representaba un dativo petrificado, proveniente de un agente o nombre de acción, así como en el sánscrito es un modo en acusativo, como se observa en Plauto, que trae acusativos asimilados a nombres abstractos con funciones de verbo. Reinach lo confirmó asegurando que el supino latino activo es un acusativo parecido al infinitivo en *tum* del sánscrito, y presenta las formas *svanitum, sonitum*, como también enseñó que el supino en *tu* es ablativo del mismo acusativo abstracto.

Otra de las *Notas* que merecen mención singular es la 80, como síntesis de cierto estudio dado en el *Anuario* susodicho, y porque en su desarrollo el anotador hace que se venga a los ojos con claridad vivísima el error de los gramáticos que derivan de *haber* la voz *hé* en los casos *hé ahí, héme aquí,* etc., como forma imperativa; descubrimiento filológico que, si no anda torcido nuestro dictamen, le fue sugerido por Diez, quien apuntó que el *hé* originariamente era *fe,* modificación de *ve,* imperativo de *ver;* lo cual guarda conexión con lo que enseñó Döderlein, a saber: que el *ecce* latino es imperativo duplicado de un verbo *eco,* afín de *oculus* Prueba don Rufino que en los primeros documentos del castellano, especialmente en la *Gesta del Cid,* todas las formas de *haber* llevan *h*; pero nunca *h* la palabra *hé*, sino *f*; desbarata la objeción de que la *h* se halla cambiada muchas veces por *f*, demostrando que estas letras no son conmutables entre sí sino en cuanto aspiradas, y la *h* latina nunca se aspiró, de suerte que no se da ni un caso en que alguna palabra latina, cuya escritura comience por *h*, hubiera pasado a nuestro romance primitivo con *f*. A medida que se perfeccionaba la lengua, se fue introduciendo más y más este trastrueco. Bello sospechó que *hé* es forma interjeccional, y el Diccionario de la Academia erróneamente declaró también que es interjección. En lo antiguo la *f* y la *v* se pronunciaban casi lo mismo, y llegaron a confundirse en lo escrito; no sucedía como ahora entre los castellanos e iberoamericanos, que apenas distinguen al oído la *v* de la *b*. La *v* con sonido parecido al de la *f*, que se conserva en el francés moderno, aun conservaba en castellano por el tiempo de Lope de Vega, en una de cuyas comedias hallamos esta lección práctica (1):

> — *Venid se escribe con v,*
> *Necio, y esta letra es b;*
> *Flétame un barco.*
> *—Si haré*
> *Porque allá lo sepas tú.*

---

(1) *Amar, servir y esperar.* Act II Madrid, 1635

Después acaeció en muchos casos que la *v* se trasmutó en *h*, y una prueba casera nos da Cuervo haciendo notar que la interjección castellana *velay*, contracción de *velo ahí*, pronúnciase en el Cauca *helay*.

Explicado de esta suerte el *hé aquí*, concuerda con el imperativo del verbo *ver*, en sánscrito *iksch*, de donde el latino *ecce*, en francés, *voici*, *voilà*; en inglés, *be hold*; en alemán *siehe*.

El señor Cejador ya no cayó en el engaño común, pues dijo (1):

Haber. Además de las formas conocidas, *hé* se cree imperativo; pero no lo es

Observamos que en la *Gramática* del Quijote por Cejador hay grandes influencias de Cuervo, principalmente en la fonética y en lo que se puede llamar la parte científica de la obra, para la cual aprovechó no pocos ejemplos y frases que andan en estas *Notas*. ¿Sería posible mejorar lo inmejorable?

Llama la atención la nota 121 que se ocupa en aclarar la cuestión entre *leístas* y *loístas*, acerca de la cual, apoyados en el real cetro de Cuervo, expresaremos algunas sucintas ideas, ampliadas en el tomo XXIV de *Romania* con el título de *Los casos enclíticos y proclíticos del pronombre de tercera persona en castellano*.

---

(1) *La Lengua de Cervantes* numero 58

Las formas de *la, lo, las, los,* son acusativos equivalentes de *illam, illum, illas, illos; le, les,* son dativos tanto para el género masculino como para el femenino, como que su origen viene de *illi, illis.* En Castilla, León y provincias limítrofes, desde temprano adoptaron por acusativo *le, les,* y por dativos para el femenino *la, las* y para el masculino *lo los.* Estos son los truecos principales. En el siglo XVI ya principiaron las disputas entre *leístas y loístas,* disputas tan enzarzadas como estériles. Los *leístas* dicen que así como en *este, esta, esto,* la *e* siempre es masculina, la *a* femenina, la *o* neutra, del propio modo en *le, la, lo.* A esto les contesta el doctor Cuervo (1):

> Hanse olvidado de que en los demostrativos las tres terminaciones corresponden al nominativo latino, mientras que el acusativo, queda para los tres géneros, *lo, la, lo;* y tampoco han reparado en que el oficio de acusativo es adventicio en el *le,* pues que, según su origen y primitivo uso es dativo; de modo que no hay paridad en la comparación, el argumento contiene en realidad una petición de principio.

Los gramáticos andan sueltos y fluctuantes en esta materia, cada uno opina a su gusto; y la Real Academia dice, se desdice y se con-

_____

(1) Nota 121

tradice en las ediciones de la *Gramática*. Si a los testimonios de los escritores clásicos nos atenemos, la confusión y algarabía no cesa, porque aun los castellanos y leoneses usan indistintamente unas y otras formas. En casi toda España, y en las Américas predomina el *loísmo*. Salvá ideó una transacción muy buena para obviar embarazos y uniformar el castellano:

Usar del *le* si el pronombre se refiere á los espíritus ú objetos incorpóreos y á los individuos del género animal, y del *lo* cuando se trata de cosas que carecen de sexo y de las que pertenecen á los reinos mineral ó vegetal.

Fue acogida y defendida esta doctrina por Bello sintetizando que *le* representa las personas o los entes personificados y *lo* las cosas. Ingeniosa teoría, pero por pereza mental y además por falta de gimnasia analítica del discurso, se presta a falsas interpretaciones: es lo cierto que la anarquía sigue reinando.

Las razones morfológicas y sintácticas que explican la intromisión de estos casos revueltos en Castilla, explícalas el anotador con inimitable maestría. La cuestión de los *loístas* y *leístas* acaso no la veremos resuelta, mucho menos si nos atenemos a la suma de testimonios y al argumento del uso, porque ¿qué esperanza ni arrimo nos queda, si muchos clásicos acogen indistintamente en el decurso de un mismo libro entrambas prácticas?

No es, en verdad, tal libertinaje literario para tomado en serio. Pues ¿cómo sentenciar quién va fuera o dentro del camino? Esperamos con ansia el tercer tomo del *Diccionario* de Cuervo, porque debe de contener decisivas enseñanzas sobre el pronombre en cuestión.

En los *Estudios gramaticales* del señor Suárez reconócese la bondad de las reglas de Salvá-Bello acerca de los casos complementarios pronominales, y dicho autor compendia muy bien en un cuadro las combinaciones de ellos para facilitar su aprendizaje. El año pasado de 1911 circuló un folleto de 122 páginas, intitulado *Cuestión gramatical: El le y sus derivados*, por Víctor Vignole y de Castro, catedrático de lengua francesa en el Instituto general y técnico de Santander, en las cuales páginas prejuzgamos ver resuelta la cuestión; ciertamente allí se dan reglas claras, se fijan bien los empleos de los pronombres de tercera persona, y mas aún se compara el régimen castellano de estos casos sintácticos con el régimen francés, inglés, alemán, etc., a la vista de selectos ejemplos, pero ¿se acabarán las divagaciones? En modo alguno, hasta que la Academia española, como principio de autoridad, nos imponga una norma.

Por último, conste que los casos enclíticos y proclíticos de este pronombre, así como *Disquisiciones sobre antigua ortografía y prosodia*

castellana y *Las segundas personas del plural
en la conjugación castellana,* publicados en la
Revue Hispanique y la *Romania,* y los trabajos precitados del *Anuario de la Academia colombiana,* que en la Gramática de Bello van
por vía de *Notas,* así como un notable trabajo sobre *canoa* y *sabana,* otro estampado en
el *Bulletin Hispanique* con el mote de *Algunas
antiguallas del habla hispanoamericana* y otros
muchos puntos gramaticales y lexicográficos for-
marán un libro en 8.º, que luego se dará a la pu-
blicidad y conoceremos con el mote de *Disquisiciones sobre filología castellana.* Años hacía que
vivía revisando y corrigiendo los materiales de
este libro, cuya mención aparece en el citado
Discurso de don Antonio Gómez Restrepo, con
estos términos :

El señor Cuervo tenía tal respeto á la verdad
y tal anhelo de perfección, que á medida
que aumentaba en ciencia era más receloso
en hacer afirmaciones ó en sentar principios
que no estuviesen absolutamente comprobados. Cuando revisaba sus escritos anteriores,
casi nada hallaba que le satisficiese, y hubiera deseado rehacer el trabajo por entero.
A veces la comprobación de un dato, al parecer secundario, lo detenía horas y aun
días.

Esto explica que la colección de *Estudios filológicos,* ha tanto tiempo anunciada, no lle-

gará a publicarse nunca. En la corrección
de pruebas encallaba la tarea: ante los ojos
del señor Cuervo se abrían campos nuevos,
surgían dudas y problemas no resueltos, y
su conciencia de sabio le impedía pasar adelante sin hallarles respuesta satisfactoria, clara solución. Hay inteligencias que se asemejan á esas hermosas libélulas, á quienes
la naturaleza dotó de ojos de infinitas face-
tas, para que perciban á un tiempo objetos
que flotan en distintas direcciones; existen-
cias atómicas, invisibles para nuestras mi-
radas.

En resumidas cuentas, al tratarse de la *Gramática* anotada por Cuervo, la cual es el alma de los estudios que en la América española cultiva la juventud, cabe recordar aquellos versos de Pichardo (1), que aluden a las
repúblicas cuya metrópoli fue Castilla:

Ellas se vanaglorian del Cid y de Gonzalo
y te rejuvenecen San Martín y Bolívar.

Por último, sea Caro (2) quien al terminar
este capítulo, ponga a los pies de Cuervo el
mejor gajo de laurel:

En realidad Cuervo ha complementado la *Gramática* de Bello con luminosas explicaciones

---

(1) *A España El Nuevo Tiempo literario*, numero 2813
(2) *Contradiálogo de las Lenguas*, etc

sobre el uso de los artículos, sobre la naturaleza del verbo y usos del infinitivo y participios, y ha explicado pasajes oscuros y
suplido algunas omisiones No le ha enmen-
dado á Bello yerros de sintaxis; y en cuanto á la amenidad de las Notas, ellas no se
escribieron para ser leídas seguidamente á
manera de cuento ó novela, sino como ilustraciones á los pasajes á que se refieren, no
pueden ser deliciosas, como no es delicioso
el Diccionario, pero sí ofrecen todo el interés científico que personas estudiosas pueden esperar de un comentario gramatical.

Dícese que Goethe, dirigiéndose a la juventud estudiosa de su patria, clamaba: *¡Inmer
zu, Inmer zu!* ¡Adelante, adelante!

Así Cuervo nos excita sin cesar (1).

Ojalá consiguiera que el nombre de Bello fuera
siempre el símbolo de la enseñanza científica
del castellano, como hasta hoy lo ha sido, y
que su obra se conservase en las manos de
la juventud como expresión de las doctrinas
más comprobadas y más recibidas entre los
filólogos.

---

(1) *Notas.* Intr

V

«Apuntaciones críticas»—Coro de alabanzas—Voz disonante—El cuerpo de la obra—Su alma—Importancia internacional de las Apuntaciones—El prólogo—Dialectización del castellano—Criterio del señor Cuervo—Faltas de los clásicos—Neologismo—Doctrina de Cuervo sobre el uso—Lenguaje popular—Originalidad y oportunidad de este libro—Cuervo y la filología hispanoamericana. Influencia de las Apuntaciones en España. Rectificaciones—Adiciones—Los tres últimos capítulos—Americanismo—Criterio de la Academia española—Diccionario de Provincialismos colombianos—«Castellano popular y castellano literario»

HAY otros libros de Cuervo que son de importancia excepcional para literatos de América, para escritores contaminados de galicismos, neologismos ó provincialismos. En ese sentido recomiendo fervorosamente la Gramática de Bello, publicada, con notas de Cuervo, por la casa Roger y Chernoviz de París, y su libro *Apuntaciones críticas sobre el lenguaje bogotano* de la misma casa editorial. Deberían ser ambos el libro de todos los días, de todas las horas, para quienes tienen vocación de escritores (1).

(2) El servicio hecho por el señor Cuervo tanto á América como á España con su científica y atinada crítica es de tanto peso y momento, que bien puede por eso considerarse á vues-

---

(1) García Calderón, *Profesores de idealismo, Rufino J. Cuervo.*
(2) Marco Fidel Suárez *Elogio, etc*

tro socio, no obstante su extraordinaria modestia, como el escritor que más ha influido
en favor de la posible unidad del idioma hispanoamericano. Ese servicio pasa de los dominios de la literatura á los de la sociología,
pues naturalmente propende á vigorizar las
relaciones políticas de estas naciones y á
garantizar la mayor duración posible á la
confederación natural de las repúblicas his-
panas.

(1) Las *Apuntaciones*, á la vez que son acertadas
correcciones del habla bogotana, constituye-
ron desde su aparición un estímulo para los
aficionados á los estudios linguísticos, porque era de sorprender cómo un joven, sin
contar con los recursos de que disponían en
Europa gramaticos como Littré y Curtius, conocía y aplicaba acertadamente á sus propias investigaciones el sánscrito, el griego, el
gótico, el árabe y la lengua santa. Dado aquel
paso, no menos feliz en su concepción que
afortunado en sus consecuencias, la filología
nacional quedó fundada y ha de producir los
frutos que la ciencia del lenguaje ha cose-
chado en otros países.

(2) Verdadero tesoro de erudición filológica, da
riquezas no sólo á quienes quieran estudiar los
provincialismos hispanoamericanos, sino á
cuantos usan la lengua castellana. Es sin em-

---

(1) Gabriel Rosas. *Don Rufino José Cuervo. La Iglesia,* 15 Julio 1911
(2) García Icazbalceta, Cit por A Aragón *Revista positiva.* 5 Nov
1911.

bargo, una pequeña muestra, nada más, de la pasmosa erudición del autor, que vendrá á descubrirse toda entera, si, como tanto deseamos, Dios le conserva la vida para dar término á su asombroso *Diccionario*.

(1) Las *Apuntaciones críticas sobre el lenguaje bogotano*, del último, son el libro que en materia de lengua castellana ha enseñado prácticamente más en la América española y en la península. Muy sencilla y bien profunda á la vez, esa obra ha servido para que se corrijan millares de errores gramaticales, no sólo por centenares de miles de educandos, sino por muchos encopetados literatos. La concisa reproducción de las *Apuntaciones* en unos cuantos libros de texto, es la mayor excelencia de estos.

(2) *Apuntaciones críticas sobre el lenguaje bogotano*, libro delicioso y estupendamente erudito, estimadísimo no ya en América, mas también en España, conforme lo declara don Juan Eugenio Hartzenbusch, y el cual, con extrema habilidad mezclando lo útil y lo dulce, ha contribuído eficasísimamente á depurar y enseñar nuestro sin par romance.

(3) Nos impuso, en la primera edición de sus *Apuntaciones*, una rígida norma gramatical é idiomática; en las ediciones subsiguientes nos

---

(1) Luis Eduardo Villegas *El Tiempo*, 19 Julio 1911

(2) Alfonso Delgado. *Miscelanea de Nueva York* 1 c

(3) R M Carrasquilla, *Alocución Revista del Colegio del Rosario*, 1 Nov. 1911.

fue brindando prudente y progresiva libertad, hasta llegar al criterio mas amplio y generoso

(1) Dozy, el célebre arabista, tomó nota de algunas observaciones originales que contienen las *Apuntaciones* en el ramo de estudios de que él era cultivador sin rival; y el anciano Hartzenbusch, el padre de *Los Amantes de Teruel,* entabló desde Avila, donde pasaba entonces los rigores de la canícula, diálogo familiar y eruditísimo, plática animada de abuelo venerando, con el joven cofrade, que tan estupendas muestras daba de conocer los más recónditos arcanos de la ciencia del lenguaje.

(2) Ha venido á ser (*Apuntaciones*) delicia de los doctos y fuente de instrucción para todos, á él se debe que, entre nosotros, la lengua haya recobrado mucha parte de su antiguo brillo y de su perdida riqueza.

(3) La Academia española ha confirmado en muchos artículos las doctrinas gramaticales expuestas por el señor Cuervo en sus clásicas *Apuntaciones.*

(4) La obra de don Rufino José Cuervo es verdaderamente digna de los más grandes elogios. *(Apuntaciones criticas sobre el lenguaje bogotano)* Yo no me canso de admirarla y de

(1) Antonio Gómez Restrepo, *Discurso, etc*

(2) Jose Manuel Marroquin *Discurso academico* Agosto, 1878

(3) R Pombo. *Informe de la Academia colombiana* 1886.

(4) Gonzalo Picón Febres *Libro raro* Intr. 45.

admirar la profunda sabiduría de aquel ilustre, verdaderamente ilustre colombiano. Es trabajo concienzudo, laborioso y de una riqueza
imponderable Indudablemente que esa obra
es el ancho y fuerte basamento sobre el cual
descansa hoy la mayor parte de los estudios
de esta especie, y que á él tendrán que ocu-
rrir en lo futuro, para buscar información, casi
siempre satisfactoria y amplia, cuantos deseen
conocer los vicios del castellano en nuestra
América. En tratándose de colombianismos,
bárbaros ó no, y de corrupciones de legíti-
mas voces castellanas, el señor Cuervo ha
sido muy curioso en la recopilación; y por
la lectura atenta y comparada que he hecho
de su obra, encuentro que muchos de esos
colombianismos y voces corrompidas son de
uso general en varias de nuestras repúblicas, y que casi la totalidad de ellos es empleada, tanto como en Colombia, en los Estados de nuestra Cordillera, en algunos de
los Llanos y hasta en el Zulia, Barquisimeto
y Coro.

(1) La obra de *Apuntaciones*, de apariencia mo-
desta, contiene un admirable fondo de doctrina.

(2) Una obra de esta naturaleza no se acaba de
estudiar nunca: los periódicos deberían publicar un párrafo de ella todos los días.

(1) Antonio María Arrázola *Memorandum bibliografico de la
Gramatica castellana.*

(2) Rafael M. Merchán. *Estalagmitas del lenguaje. Repertorio C ,*
Abril de 1879

(1) Cuervo, castigando severamente las faltas gramaticales de todos los colombianos y aun de todos los hispanoamericanos y sirviéndose para su enseñanza de una prodigiosa erudición y de las más ricas galas del lenguaje, logra sin embargo dar á sus *Apuntaciones Criticas* formas enteramente nuevas, originalidad colombiana á su estilo.

(2) Sus *Apuntaciones.. .* son el ancho pedestal, labrado á fuerza de estudio, de paciencia y de calor científico en que debía colocar después aquel otro monumento de sabiduría llamado *Diccionario*.

(3) La obra de usted cumple á toda ley con su objeto; otra ú otras iguales se necesitan en España, porque no hay un libro especialmente destinado á ello

(4) *Librum «non minore cum copia doctrinae quam ingenii acumine compositum».*

(5) *Savant libre dont vous avez eu la bonté de me faire cadeau. En le parcourant j'ai été agreablement surpris de voir que les travaux anglais et allemands étaient si bien connus en Amerique, et plusieurs de vos pages ont deja attiré vivement mon attention.*

---

(1) José María Samper. *Discurso de recepción en la Academia. Repertorio C ,* Septiembre 1886

(2) Manuel A Bonilla. *D Rufino J. Cuervo El Nuevo Tiempo literario* Lug cit

(3) J E Hartzenbusch. Apéndice al pról de las *Apuntaciones*

(4) A F Pott Idem, idem.

(5) R Dozy Idem, idem

(1) Claro se ve que en Colombia es cultivado con amor y con atinado ahínco nuestro patrio idioma; que en Colombia ha nacido Rufino Cuervo. Todas las locuciones vulgares, todas las adulteraciones que pueblo tan remoto de España ha introducido en el lenguaje español, quedan tan estudiadas y corregidas en las *Apuntaciones críticas* de Cuervo, que no hay rastro de ello en la buena poesía.

(2) Apenas hace quince años que el señor Cuervo impulsó con no vista eficacia esta clase de estudios, y ya son palpables los buenos resultados que ha producido la lectura de su obra excelente en las clases letradas de toda la nación; ya se subrayan en los manuscritos y se ponen de letra aldina en los impresos los más socorridos y comunes disparates, lo cual es inequívoco signo de que van de vencida; y si en lo hablado el temor á la nota de afectación y pedantería hace que todos no rompan con franqueza la coyunda del error cometido, al lado de la locución viciosa suele ponerse el giro castizo, y aquella no va entonces sin un «como vulgarmente se dice».

(3) Con las *Apuntaciones* hubo siempre quien recordara con hechos repetidos el consorcio indisoluble, que hasta por razón del idioma debe existir entre las letras latinas y las con-

---

(1) Juan Valera *Cartas americanas*, primera serie, pág 149

(2) Rafael Uribe Uribe. *Diccionario abr.* Pról.

(3) Juan María Gutiérrez. *Virgilio en América La Revista del Río de La Plata*, 1876.

temporáneas. Y de aquí, probablemente, nace también el esmero con que en Nueva Granada se defiende contra las invasiones extranjeras y los malos usos locales la integridad de la lengua heredada

(1) Cada día admiro más su libro de las Apuntaciones: es mi *vademécum* y mi maestro. ¿Cómo ha llegado usted á saber tanto y tan bien?

(2) La ciencia, los largos años de estudio que ese volumen de Cuervo revela, prueban que también en América tenemos nuestros benedictinos infatigables.

(3) Como todo hombre completo de conocimientos y doctrina, fue corrigiendo y aumentando (*Apuntaciones*) Cuervo, de edición en edición, hasta la última de 1907, que es la quinta, noticias y materia bien elaborada á su primitivo trabajo; y dice el mismo francés á que acabo de referirme, Alfredo Morel Fatio, que hoy éste forma una verdadera historia de los destinos del habla española en el Nuevo Mundo.

(4) Obra que al revés de lo que se estila, cumple mucho más de lo que su título promete.

(5) Pero la obra que contribuyó á cimentar su fama y á la popularización de su nombre, fue la

---

(1) Cecilio Acosta *Obras* Volumen III Carta a don Rufino J Cuervo

(2) Miguel Cané *Notas de viaje*, etc. cap *La intelligencia*

(3) La Condesa de Pardo Bazan *El Nuevo Tiempo literario*, número 3 346

(4) Francisco Rodríguez Marín. *Unión Iberoamericana*, 31 Enero 1912

(5) *Atenas* Caracas, 28 44, tomo II

que publicó con el modesto título de *Apunta-ciones críticas sobre el lenguaje bogotano*, donde emplea todos los tonos, ya criticando con severidad, ya valiéndose de festivas va-yas, ora citando lugares de los clásicos, ya patentizando errores; mas, en todo ello no le guió nunca la pérfida malignidad pueril é in-sulsa de viejos dómines siempre á la husma de gazapos.

(1) Su obra *Apuntaciones sobre el lenguaje bogo-tano*, recibida con aplauso desde su aparición, ha sido reeditada gran número de veces poste-riormente, con amplificaciones sucesivas que han duplicado casi su texto, y marca un rum-bo nuevo á la actividad de Cuervo. Efectiva-mente, propúsose el ilustre escritor indicar en un libro aquellos lunares y defectos que afean de ordinario el lenguaje corriente, aun el de aquellas personas cultas que no han tenido tiempo ó voluntad para adquirir conocimien-tos sólidos de etimología y sintaxis.

(2) Refiriéndonos á las *Apuntaciones críticas del lenguaje bogotano*, diremos que su mérito es excepcional y su utilidad es en extremo prácti-ca, revelando lo hondo de su saber; no es en modo alguno una gramática histórica, ni tam-poco una investigación etimológica á fin de analizar los elementos que integran el lengua-je bogotano, sino un mero estudio del habla

---

(1) *El Cojo ilustrado*, Caracas, número 694, año XXI.

(2) Juan M Dihigo *Rufino J Cuervo Estudio crítico*

de su patria con la ecuanimidad necesaria para señalar cuanto deba ser proscrito como contrario al buen uso del castellano antiguo ó moderno. Para poder realizar una obra en la forma que lo ha hecho, ha tenido que acudir á la historia de la lengua y sus manifestaciones que nos presentan las etapas diversas porque han pasado los vocablos, y en esas indicaciones consignadas en su libro interesante exterioriza su gran familiaridad con los principales maestros, como Federico Diez, el incomparable fundador de la filología romana, y Emilio Littré, egregia personalidad en la esfera de las pesquisas lingüísticas.

¿Fastidiosa esta retahíla de citas? Pues sépase que hemos arrumbado muchas, muchísimas otras, que en revistas y periódicos de Colombia y de países extraños corren a cual más ponderativas de este libro. Pero ¿será cierto que haya en este concierto universal de alabanzas voz alguna disonante? Sí que lo es; y no una voz cualquiera, sino una de desaforado crítico: la de Juan Ignacio de Armas que llama a *Apuntaciones* nada menos que *Crítica universal é injusta de cuanto se ha dicho, se dice y se dirá por todo el mundo en lengua castellana* (1). Por fortuna eso originó la bizarrísima refutación contenida en *Contradiálogo de las lenguas* de Caro, que enalteció más y más lo que intentaba

---

(1) Cit por M. A Caro *Contradiálogo de las lenguas,* etc.

desopinar el contendor. Y bien, en todo caso ¿qué a Cuervo con esos despechos? Aquí de aquel dicho atribuído a San Clemente, el sabio alejandrino: *Nullam existimo scripturam adeo felicem et fortunate procedere, ut nullus contradicat.*

No obstante, hase de sobreentender que no damos el laurel a esta obra en todo y por todo, pues insensatez sería, y muy grande, creerla exenta de yerros. El mismo Cuervo lo denotó corrigiéndola en las sucesivas ediciones. ¡Buena va la diferencia entre la primera edición y la última! Por la índole compleja del fondo, por las intrincadas cuestiones que ventila, y por los nuevos horizontes que van descubriendo los ingenios que en diversos países de América se emplean en preparar obras similares a la del señor Cuervo, comprenderá cualquiera que las *Apuntaciones* viven sometidas al flujo y reflujo de los descubrimientos filológicos; mas, a ninguno tanto como a este libro le cuadra aquello de *paucis. . . . maculis* de Horacio.

Ante todo conviene recordar que no dio a luz esta obra en forma de libro hasta el año 1872, pero trabajaba en ella desde el 1867 y la iba imprimiendo por entregas: el público literario puso el grito de felicitación en el cielo, y así movió el ánimo del modestísimo autor a que la editase íntegramente en un volumen.

Léase la proposición aprobada por la Cámara de Representantes en la sesión del día 7 de Marzo de 1873:

La Cámara de Representantes estima en todo su valor el inmenso servicio que el distinguido filólogo señor Rufino J Cuervo ha prestado á las letras con la publicación de su obra titulada *Apuntaciones críticas sobre el lenguaje bogotano.*

El Presidente, ALEJANDRO BOTERO URIBE.

El Secretario, *M. Quijano Otero.*

Vaya ahora, en obsequio de quien no la conociere, la descripción bibliográfica completa de la quinta edición: *Apuntaciones críticas sobre el lenguaje bogotano con frecuente referencia al de los países de Hispanoamérica.* París. A y R. Roger y F. Chernoviz, Editores. 1907. XL. 692 páginas. 4.º menor. Más datos: en la tabla de materias hay sendos capítulos para acentuación, vocales concurrentes, número, género, diptongación de los derivados, conjugación, pronombres y artículos, usos incorrectos de algunos verbos y partículas, acepciones nuevas, voces nuevas (evolución fonética), voces nuevas (acción psicológica) y voces nuevas (por apropiación o accesión). Subdivídense los capítulos en artículos y los artículos en párrafos o cédulas donde trata con más o menos extensión alguna materia o punto, que, por lo general, no se enlaza con los otros. Al fin trae un índice alfabético en que los números solos indican los párrafos; con una *p* antepuesta, las páginas;

el signo ╫ indica voces o locuciones técnicas, palabras o expresiones que se citan incidentalmente por vía de ejemplo o ilustración y aquellas que no parecen censurables, aunque no tienen el apoyo del Diccionario de la Academia, o para las cuales no se conoce equivalente castellano. Contadas por curiosidad las palabras en que se ocupa, nos han dado una suma de más de cuatro mil, y eso que muchas llevan cita doble o triple porque en distintos párrafos se hace mención de ellas. ¡Nueva y concluyente prueba de la erudición literaria de Cuervo!

Este es el cuerpo de la obra, el alma, digámoslo así, el alma que la informa resístese a un análisis hecho con los picos de una pluma, que no sea de Mir, Pickhart, Saroihanley, Fita Monaci d'Ancona u otros renombrados filólogos modernos que cortejaron a nuestro monarca.

Por de pronto échase de ver que existe una especie de engaño en el título, por cuanto llama el autor *Apuntaciones* a lo que es trabajo colosal de muchísima base.

No tenemos por raro encontrar en la vida de don Rufino rasgos como éste, que estriban en su eminente modestia: recuérdese aquello de figurar en la Gramática latina no en primer lugar, sino en segundo. Lo mismo pasa en las obras que después citaremos.

Vencida al fin su humildad por los muchos advertimientos que los críticos le dirigieron, consintió en añadir lo de frecuente referencia al lenguaje de los países de Hispanoamérica; y esto con sobra de razón, pues a cada paso nos da palabras y modismos no tanto de Bogotá, pero también de todos los departamentos de Colombia y de casi todas las repúblicas de América y aun de las provincias de España. En saliendo las primeras ediciones, cayó en la cuenta de ello el crítico Merchán, quien asegura que, por lo que respecta a Cuba, las dos terceras partes de las enseñanzas de Cuervo tienen allá aplicación (1).

En la última edición vemos con agrado, y como corroboración de nuestro sentir, que se citan los trabajos de provincianos tan ilustres como Luis Eduardo Villegas, Rafael Uribe Uribe, Juan B. Montoya y Flórez, Pimentel y Vargas, y americanistas tan conocidos como Batres Jáuregui, Aristides Rojas, Rodolfo Lenz, el doctor Barreto, Palma y Rivodó.

Lo cual quiere significar que las investigaciones del señor Cuervo tienen por radio de expansión toda la América española, ya que las referencias y analogías son tan atinadas como frecuentes; amén de que no se concreta su labor a formar papeletas livianas, sino que

---

(1) *Estalag Rep C*, abril, 1879

estudia fundamentalmente el lenguaje, los americanismos, los neologismos, los nexos del castellano con ciertas palabras que parecen americanas y no lo son, y muchas gabacherías que, tanto en América como España, intentan prohijarse; y todo ello exhibido con erudición que no empalaga, con donaire de resquemos muy cultos, con sencillez genial y método práctico que hace aprender sin esfuerzo mil y mil hechiceras enseñanzas. ¡Y él reputa esta obra ruin e inmerecedora de letras de molde!:

> No es leve sacrificio el que impone á su vanidad—dice el mismo Cuervo (1)—sacando otra vez á luz las *Apuntaciones* sin acomodarlas todas á mejor plan y forma literaria; pero confiesa que lo hace por cariño á un trabajo en que empleó las mejores horas de su juventud, y que contribuyó á excitar en sus paisanos el gusto por las investigaciones filológicas.

Es esta una de las razones que el señor Cuervo tuvo por bien agregar al prólogo de la edición quinta y por cierto que nosotros al leerla experimentamos honda complacencia por ver cómo se realiza aquí lo de que los extremos se tocan, pues no sabemos qué ponderar más, si la ingenuidad con que habla, si la confiden-

---

(1) *Apuntaciones.* Pról al fin

cia de patriotismo que publica, si el reconocimiento de un hecho pedagógico, cuyas influencias benéficas a todos nos tocaron, o la modestia con que disfraza su colosal ingenio.

Por lo que a nosotros hace hemos de manifestar que Cuervo sería un talento superiorísimo, a juzgar por el solo prólogo que puso en este libro. Los pensamientos capitales que desarrolla y el estilo cristalizan el ideal de un idioma poseído por una raza con potencia psíquica para ser la dominadora del mundo intelectual, y con voluntad disciplinada en la escuela de los talentos. Algo así como obsesión sentimos por esas páginas; cuando el *indecibile fatum* agita sus aburridoras alas sobre nuestra frente y todo nos desasosiega, y aun los libros de estudio resultan como algunos amigos, pesados o engañadores, entonces volvemos los ojos a este prólogo, comenzamos a leer en la primera página, y engolosinados y como llevados por arte de encantamiento, proseguimos trashojando hasta el cabo de ellas: es que por la variedad de sus giros, por la multitud de sus locuciones gallardas, por la riqueza de sus cláusulas y castizos decires, por la copia de sus verbos, por el empleo de sus partículas y por la fecundidad de su sintaxis aventaja y sobrepuja a muchísimas; ni aun recapacitando bien podríamos contar el número de veces que las hemos saboreado. Dejaremos para otros precisar el alcance y la verdad que tenga esta frase de Palma, «el purismo pasó de moda» (1), pero ello es cierto que a pureza no les gana ninguna de las páginas de Garcés, Cabrera, Jovellanos, y que con ser tal su aticismo, no rebusca arcaísmos, que tan sólo pegarían bien en boca de quienes usaron ropilla y ferreruelo.

Debemos observar que el prólogo de la última edición cuenta 25 páginas, y que tales aumentos débense a los párrafos que el autor puso dando las gracias al público por la grande acogida de su libro y manifestando las adiciones que introducía. En esta quinta edición leemos (2):

> Natural es que, dando más seriedad á nuestros trabajos, sigamos propendiendo á vulgarizar los principios más recibidos en materia de análisis y crítica filológica, para que, penetrando las personas estudiosas la razón elevada de las reglas y cambiando la servil y ciega sujeción por aquel criterio franco y atinado que sabe valerse aun donde faltan gramáticas y diccionarios, cesen de ser partidarios rigoristas de tal o cual sistema, para alcanzar un conocimiento más fecundo é interesante del idioma.

----

(1) *Papeletas lexic* Intr

(2) Pag XXI

Hé aquí un nuevo criterio que anima las enseñanzas de este libro, o mejor dicho, declaración explícita del criterio tolerante que guió siempre a su autor en aquellos análisis lingüísticos que, rozándose con la fonética y la etimología dialectal, inducían a rechazar las peculiaridades del habla americanista. ¡Gran síntesis, causativa de imperecederas ventajas para la lengua común! Hasta esta edición el señor Cuervo no cambió la casaca en punto a la unidad de la lengua, mas ahora ya opina que se dialectizará el castellano como se romanzó el latín. En su laudable empeño de conservar un tipo común idiomático y uniformado al lenguaje de la América española, por amor a esta lengua hermosísima y rica, depositaria de una historia sin igual, instrumento y medio de los negocios internacionales, expresión de las virtudes sociales y religiosas, vehículo del comercio, patrimonio de los poetas y de los artistas, Cuervo defendió la teoría de que la lengua de Castilla, difundida en el Nuevo Mundo, se conservaría intacta por los siglos de los siglos, merced a los esfuerzos de las Academias, a la rápida y profusa propaganda de los clásicos, a la acción de periódicos y revistas que llegarían en breve hasta el pueblo más indocto ; y por eso en otro tiempo trató de cerrar la puerta a toda innovación neológica, rompió lanzas contra el galicismo, se mofó de los americanismos, zurró la ba-

dana a los cultiparleros que patullaban lenguas
forasteras y, en suma, nos impuso la pauta marcada por los patricios de la literatura castellana,
diciéndonos en las ediciones anteriores «es infundado el temor de que en la parte culta de
América se llegue a verificar con el castellano
lo que con el latín en las varias provincias ro-
manas, pues la copiosa difusión de obras impre-
sas, referentes todas más o menos a un mismo
tipo, el constante comercio de ideas con la antigua Metrópoli y el estudio uniforme de su literatura aseguran a la lengua castellana en América un dominio imperecedero». Las cuales palabras ya no figuran en la última reimpresión,
y en cambio se leen estotras:

En todos los pueblos cultos y de civilización tradicional, la lengua literaria es como tipo ideal
en que los muertos tienen tanta representación como los vivos; y ya que es imposible
evitar la evolución fatal del lenguaje, que
tiende á diferenciarlo, sobre todo cuando se
habla en vastos territorios, cuyas fracciones
tienen vida propia y elementos de cultura más
ó menos diversos, todos los esfuerzos han de
concurrir á conservar la pureza de ese tipo.
Tal evolución se realiza por fuerza en todas
partes, en España como en América, y si con
sinceridad se desea mantener la unidad del
habla literaria, única posible, tanto españoles
como americanos han de poner algo de su
parte para lograrlo.

Al fin y al cabo, el idioma, por perfecto que se considere, es organismo y hechura de hombres y cae bajo la variabilidad inherente a toda obra humana. En el orden de los hechos históricos todo ha de acabarse, y la lengua, como las demás cosas, morirá, y una sola vez, porque se halla comprobado que, muerto un idioma, no hay poder que lo reviva. Por eso nos ha parecido siempre fórmula de deseo ineficaz el lema de la Academia española: Limpia, *fija* y da esplendor; una lengua nunca acaba de fijarse porque las palabras luchan por vivir y se van sucediendo incontenibles; lo de Darwin: *the struggle for life and natural selection; y* mejor, lo de Caro (1):

La multiplicación dialéctica es una ley de procreación inherente al lenguaje humano.

Muy verdadero es que la escritura impresa contiene gran fuerza de ejemplo, ya que a su virtud se han verificado en el habla popular no pocas innovaciones. Sácase esto por muchos caminos, de los cuales elegimos el que nos traza Enrique de Villena, escritor del siglo XV, en su *Arte de trovar,* cuando habla de la ortografía etimológica: «e aquellas letras que se ponen e no se pronuncian, según es uso común, algo añaden al entendimiento, e signifi-

---

(1) *Contradialogo.* Lug cit.

cación de la dición donde son puestas. Aquí puede entrar *magnífico, sancto, doctrina, signo, etc.*» Pues bien, resulta que se pronunciaba mañífico, santo, dotrina, siño, y ahora los efectos de la reacción erudita, que principió en los letrados, han tocado aun los estratos de la clase media que se roza con la popular: casi todos dicen santo, doctrina, signo y magnífico. Otro fenómeno de reacción culta contra las tendencias del castellano tuvo lugar en la introducción de la *f* con sonido dentolabial para reemplazar la *h* en palabras como éstas: fuego, faz; y viceversa. hierro y hembra. ¡Tanto puede la prensa sobre el idioma hablado cuando la cultura llega a ser general!

Empero, a pesar de esto y sobre esto, estamos convencidos de que las instituciones académicas de la lengua serán ineficaces para contener las tendencias corruptoras; los escritores públicos que escriben a lo castizo son pocos, y los escritores que no son de casta bullen en el libro, en la revista, en el periódico, en la hoja volante, como los microbios en una llaga con podreduras: son éstos los que comunican al *vulgum pecus* la descomposición idiomática lentamente. Además, este vertiginoso moverse y recorrerse naciones de extrañas lenguas, la comunión de literaturas, mediante la rapidez de los intercambios y medios de locomoción, como la aviación, los

partes inalámbricos, las emigraciones de los
pueblos sistematizadas, la fusión de las razas,
la probable yanquización de la América, todo
contribuirá a que se verifique con el castellano la sexalingüe bifurcación del latín

> Estamos en vísperas (que en la vida de los pue-
> blos pueden ser bien largas) de quedar se-
> parados—escribe Cuervo en carta al señor
> Soto y Calvo, egregio escritor de la Argen-
> tina—como lo quedaron las hijas del Impe-
> rio romano. hora solemne y de honda me-
> lancolía en que se deshace una de las ma-
> yores glorias que ha visto el mundo, que
> nos obliga á sentir con el poeta, ¿quién no
> sigue con amor al sol que se oculta?

Don Rufino José, que con harto dolor de su
ánima llegó a persuadirse de la verdad profé-
tica sobre la muerte del idioma, a cuyo esplendor se consagró con alma, vida y corazón toda su existencia, halló en cierto académico español (1) un contrincante que negaba la posi-
bilidad de la profecía, y a fuer de convencido,
escribió *El castellano en América* en el *Bulletin Hispanique* de 1901 y 1903 demostrando
con erudición inmensa y sobra de pruebas po-
sitivas y negativas que le asistía la razón en
sus presagios. Cuervo, que ante la afirmación
de Pott: *novae evasurae sunt linguae* (2), había

---

(1) D Juan Valera (2) Apéndice al pról., etc

opuesto: «es infundado el temor (1)», ahora
ríndese ante la evidencia y cree en la irresistible transformación del lenguaje. No desmayó,
sin embargo, en su carrera de sol meridiano
sino que siguió adelante iluminando más y más
nuestro idioma literario y culto, a fin de que
con el rodar de los siglos, cuando este que-
dara arrollado por los empujes del popular ya
dialectizado, reposara en los aparadores de la
historia tan augusto y respetable, tan digno y
glorioso como su madre, la lengua latina. Por
eso, cuando Ernesto Quesada echaba en ros-
tro a Cuervo, que mantenía «tendencias sepa-
ratistas en materia de idioma», éste le replica-
ba con nobleza y con una muy linda y propia
comparación:

> No porque uno crea que nuestros cuerpos, sin
> remedio, han de venir á ser pasto de gusa-
> nos, deja de asearse y aderezarse lo mejor
> que puede.

Leemos en una notable revista (2):

> Por el examen de sus escritos puede asegurarse
> que poseía un espíritu de amplia y altísima
> tolerancia, y que no veía con mucho amor
> las tendencias que pretenden momificar el
> idioma dentro de los modelos discutibles que
> nos legó el seudo-clasicismo, así como tam-

---

(1) Lugar citado.
(2) *El Cojo ilustrado*, número 494, año XXI

poco era partidario de una regresión á la
brillante libertad que llegó á tener en el siglo
de oro. Sus propios estudios habríanle convencido de que la lengua había menester evo-
lucionar mesurada y gradualmente hasta adap-
tarse a las necesidades impuestas por la vida
contemporánea. Por cartas dirigidas a algunos representantes del nuevo movimiento
literario podemos comprender que aceptaba
las innovaciones más urgentes, sin que por
ello nos sea dable suponer que aplaudía los
extremos ni las exageraciones a que tan pro-
clives suelen ser los jefes de sectas literarias.

Así entendemos también lo que él indicó a
don Julio Cejador y Frauca en carta de hace siete
años (1):

No es ya el habla familiar de una reducida co-
marca, por culta que sea, lo que puede servir de tipo ideal a muchos millones de individuos, ni la materia única con que forman
sus obras los artistas ese tipo y esa materia existen en la literatura y no meramente
en la de hoy sino también y con mejores
títulos, en la de los siglos pasados. Cervantes y León, Jovellanos y Quintana, con Valera y Núñez de Arce, con Pardo y Pesado,
con Juan María Gutiérrez y Caro, forman para
nosotros como la madre de dilatado río en
que se unen las hablas de muchas genera-

(1) *La Lengua de Cervantes,* etc *A guisa de prólogo.*

ciones, echando á las márgenes las brozas
de lo añejo, ya inservible, de lo provincial y
vulgar. A esa unidad artística es á lo único
que hoy podemos aspirar.

No tienen desperdicio estas palabras; por
ellas se estatuye diferencia entre el habla vulgar y el habla literaria, entre la literatura de
un solo pueblo y la de todos los que hablan
castellano, entre lo arcaico y lo nuevo establecido según ley; y así no cae el insigne maestro, andando por el derrotero de la nueva doctrina, en el principio de una libertad anárquica
donde predomina el caos, padre y causa de la
nada, antes bien siembra principios que des-
arrollan la tradición del progreso idiomático, e
ingerta en el tronco viejo retoños nuevos para
que el árbol de Castilla ramifique pomposa-
mente con la sabia iberoamericana, y goce de
dilatadas primaveras. Este es el criterio que
vivifica todas y cada una de las páginas de las
Apuntaciones, y si en el epígrafe que lleva el
prólogo se recomienda el habla de Castilla
como centro de unidad, siguiendo el parecer
del gran filólogo catalán Puigblanch, debe entenderse con su más y su menos, es decir, será
tipo tradicional el idioma de los castellanos
cuando no quebranten la ley, que, en quebran-
tándola, los americanos no pueden ni deben
delinquir imitando desatinos; y también éstos
tendrán derecho a acrecentar el caudal de la

lengua cuando aporten material neológico que
se acomode fonética y morfológicamente al carácter de la raza, o presenten restos y reliquias del castellano bueno que allá se olvidó y
acá en América medra no desustanciado.

Si el beneficio es común, común ha de ser el
esfuerzo (1)

Las derivaciones americanas del castellano
que están en cierne germinarán a poder de
esa ralea de escritorzuelos que se comen todo
lo que viene de extranjis, y luego lo vomitan
en los periódicos; esos que retiran a la tras-
tienda del comercio intelectual lo nuestro, lo
que heredamos del siglo áureo, y ponen a la
venta aguaduchos de marbete francés e inglés
con extravagante y no menos antipatriótico empeño, sin descender al pueblo que está ayuno
de galicismos y que representa ese desenvolvimiento que llamaremos orgánico, ya que por
asimilación lenta forma palabras nuevas obe-
deciendo a la ley del fonetismo etnológico

Cuervo lleva la contra a tales corruptores
de pluma en ristre, y sus *Apuntaciones* los ponen en calzas prietas a fin de que no encasi-
llen palabras que no ha menester nuestra lengua, y no recojan del vulgo americanismos
que malean el caudal de los escritores castizos, americanos y españoles.

---

(1) Prólogo V

Engañáranse de medio a medio quienes crean que don Rufino José es algo así como ave de altanería que se remonta a los quintos cielos del purismo y que no se aprovecha de los giros y vocablos del lenguaje popular que hermosean la lengua. En las *Apuntaciones* ha recogido no pocos y les ha limpiado el polvillo cobrizo de la tierra y los ha rebañado con oro puro.

Dijo Tamayo y Baus (1).

> El Diccionario de una lengua es obra que se está haciendo mientras vive.

Lo cual nos trae a la memoria los neologismos que introdujo Cicerón en su lengua, quien, como natural de Arpino, tenía sus modismos, algunos de los cuales penetraron con él en la sociedad romana, Balmes y Aparisi y Guijarro hablaban en familia sus dialectos, y por mucho que trataron de evitarlo, dejaron huellas de provincialismo en sus elegantes escritos, Dante introdujo en el italiano muchos latinismos, Goethe enriqueció el alemán con neologismos de provincia, los godos adulteraron *petrula* y resultó perla, del italiano *sta fermo* nos vino estafermo, de *wagon* formamos vagón, de *tranway* nos quedó tranvía, muy bien formado, palabra que, por no aceptar los franceses, tienen que reemplazar con el rodeo de *chemin de*

---

(1) *Resumen de las actas de la R Academia*, 4 Dbre 1881.

fer americain Cuervo con sus *Apuntaciones* enriqueció la lengua con tanto ingenio como fortuna.

Nosotros guardamos algunos apuntamientos
sobre construcciones gramaticales, fonemas y
vocablos del pueblo colombiano y del venezolano que no hemos visto en los libros de costumbres populares que de España nos llegan; y
en algunos viajes que hicimos por las provin-
vias de Castilla, Navarra y Aragón apuntamos
modismos del bajo pueblo que, comparados
con los de Antioquia, Boyacá y Santander, nos
dieron por resultado esta conclusión: aun hay
Sancho Panzas y Teresa Cascajos en América.

Saborcillo a antigüedad adviértese en el habla
del pueblo colombiano que no ha trastrocado
todavía ni por otros menos puros ha mudado
muchos decires heredados de sus mayores; y
por eso Cuervo tiene a honra indicar en su libro bastantes de esta especie que no descon-
tentarán, a buen seguro, a los mismos españoles, pero otros colombianismos de mala estructura y peor parentela los rechaza para que no
vayan a incorporarse al lenguaje culto y literario.

Penetrados, pues,—afirma Cuervo—(1) de la importancia de conformar en cuanto sea posible
nuestro lenguaje con el de Castilla, nos hemos consagrado á observar las diferencias

---

(1) Prol III

que entre ellos median, y como base hemos tomado el habla común de los bogotanos, por ser la mejor que hemos podido estudiar, y porque en ella, sobre todo en lo impreso, se encuentran resumidas muchas de las corruptelas generalizadas en la república.

El doctor Cuervo, como vemos, no extremó las cosas a lo Juan Montalvo; fue purista en sentido lato, o más bien, un ecléctico que sabía lo que se hacía.

> Porque nadie vaya á figurarse—advierte el mismo—(1) que somos ciegos admiradores de los antiguos maestros del habla castellana, citaremos algunos textos sacados de sus obras, y por opuestos á los arriba sentados: «Tengo leche fresca y *muy sabrosísimo* queso» (Cervantes. Quij. part. I Cap. LI).

Y añade yerros de Antonio de Guevara, Santa Teresa y Calderón.

No debemos imitar las caídas de los clásicos; ni el estilo de los caprichosos como Saavedra, Fajardo y el P. Estella, que descoyuntan el idioma con cláusulas sin fluidez, secas, como cortadas a cercén y con períodos que parecen telegramas. Cuervo fue inexorable con los neologismos de sintaxis y benigno con los de lenguaje. Cuando el Padre Isla, Mendoza y Zorrilla emplean mal el adjetivo partitivo *sendos*

---

(1) *Apunt* cap VIII, 448

y cuando Argensola y Jovellanos nos dan construcciones como esta: *Ir y volver del Toboso*, no son dignos de ejemplo ni loa. Tampoco nos parecen elogiables estos descuidos, que casi no se oyen en el pueblo colombiano y menudean aun entre la gente culta de España, cuyo eco repercute en estas acotaciones:

Te se ha pasado ya el miedo (1)

Y en la escena que sigue

En la cara *te se* conoce que estás mintiendo.

Y el Duque de Rivas, *En un álbum*

> *Si una cosa muy bonita,*
> *bella niña,* TE SE *antoja*
> *hallar siempre en esta hoja*
> *por mi indocta mano escrita,*

Por lo demás, el señor Cuervo que, si peca, suele pecar de benigno, saca la cara por los clásicos diciendo (2):

Los escritores del siglo de oro usaban á veces de libertades que los modernos generalmente no se toman, acaso depende de que nuestros pasados escribían ordinariamentè como hablaban, sin meterse en honduras gramaticales; después el estudio más cuidadoso de la filosofía del lenguaje nos ha hecho más puntuales

(1) Martínez de la Rosa *Amor de padre*, Acto III, escena V.
(2) *Apunt* Cap VIII 448

Cuanto a los neologismos de procedencia francesa, inglesa y grecolatina se cauteló, pero no tanto que les cerrase el paso cuando venían calentados por el sol de Castilla y a llenar una conveniencia en el diccionario, y por lo tanto a engastar o como fundir el pensamiento de la gente discreta y culta.

> El siglo XX impone un vocabulario más rico que el tan admirado del siglo de oro ó de esplendor para las letras castellanas (1).

En este sentido, venga de donde viniere el neologismo, se debe prohijar, teniéndose cuidado de ver primero si en el castellano hay lo que buscamos afuera, porque nuestros clásicos son muchísimo más ricos de lo que les parece a los que todo quieren traerlo de las orillas del Sena o del Támesis. Cejador, Juan Mir y Noguera, Baralt, hacen la guerra más cruda a los galicismos, sin acordarse de que la lengua (salvo la latina) que más ha influído en la castellana, desde el siglo XIII (y si no recuérdense las tropas francesas que ayudaron a Alfonso VI en la conquista de Toledo), es la de Molière y Bossuet, y sin caer en la cuenta de lo que avisa Menéndez y Pelayo respecto de los neologismos que se deben admitir y los que se deben rechazar, y quiénes son los lla-

---

(1) Ricardo Palma *Papeletas lexic*, cap v, 215

mados a sancionar el uso. De Fray Luis de
León, por ejemplo, nos cuenta que «acudió a
todas las fuentes del gusto, y adornó a la musa
castellana con los más preciados despojos de
las divinidades extrañas» (1). *Alborear* es neologismo introducido por este gran lírico.

> (2) Calderón refiere que un barbero se equivocó al
> sacar una muela por haberle dicho un *culto*
> que la dañada era la *penúltima;* y Moreto
> cuenta entre las voces cultas *libidinoso, cré-
> dulo, obtuso.*

Se tenían por neologismos y gongorismos
cosas que hoy no lo son; ya decía con donaire Luis Vélez de Guevara:

> (3) Primeramente se manda que todos escri-
> ban con lengua castellana, sin introducir
> de otras lenguas; y el que dijere *fulgor,
> libor, numen, purpurear, meta, trámite, afec-
> to, pompa, trémulo, idilio* y otras de esta
> manera, ó introdujere proposiciones desatina-
> nadas, quede privado de poeta por dos aca-
> demias y á la vez confiscadas sus sílabas y
> sembradas de sal sus consonantes como trai-
> dores á su lengua materna.

---

(1) *Horacio en España,* pág 205 y sig

(2) Adolfo de Castro, *Poetas líricos del siglo* XVI Bibl. Rivadeneira, t. I.

(3) *El Diablo cojuelo.* Tranco X

Eran culteranismos, año 1856, *comandita, cotización, decepción, daguerrotipo, fotografía, mistificar. Dictaminar* es rechazado por Cortejón en su *Diccionario del Quijote* y admitido por el gran lexicógrafo Pagés; en el diccionario de Baralt se tachan como agabachadas muchas palabras para las que pide puesto en el Diccionario de la Academia el atildado Palma; don Juan Mir y Noguera es antigalicista cerrado en su *Rebusco de voces castizas*, y sin embargo aboga por que se admitan arcaísmos-momias, como *ipsísimo, nequísimo, primordio*, y muchas de las nueve mil voces anticuadas que desde la edición 8.ª no figuran en el Diccionario de la Real Academia. Por indebidamente suprimidas tiene el académico P. F. Monláu cuatro mil de éstas. Dos mil setecientas voces, dice Palma, hacen falta en el Diccionario y defiende su aserto en *Papeletas lexicográficas*, y dice también que *avalancha, condolencia, finanzas, revancha*, etc., galicismos reprobables según otros, pueden ser admitidos ya con sobra de razón.

A culteranismo diz que suena esplín, del inglés spleen, pero parece derivarse del griego splen, bazo; ya en *Don Gil el de las calzas verdes*, act. I, escen. II, se halla esta palabra; y en un artículo de Francisco Javier Caro, escrito acá en 1812, y publicado en el *Repertorio colombiano* de Febrero de 1888 versificó él con la gracia que gastaba:

Diz que salió boletín
Con no se qué otras cositas;
Y si no estás con ESPLÍN
Espera se lo remitas
Este pobre Pilotín.

De la *olla podrida* de los españoles tomaron los franceses *pot pourri*, y nos la devolvieron con muy distinta significación. El famoso Aristarco del siglo XX, Antonio de Valbuena, escribió *Fe de erratas*, y prontamente apareció *Fe de erratas y Erratas de la Fe de erratas de Valbuena* por José Miguel Macías. Daguerrotipo y otros vocablos de ciencias y artes entraron en el Diccionario, ¿mañana no serán desechados por inútiles? El verbo *clausurar* fue puesto en berlina por quien no tuvo fuerzas para luchar con el titán de Caro que lo defendió a capa y espada en *Gramática . . parda*, que es uno de los más substanciosos tratados sobre el neologismo.

Y bien, ¿a qué atenernos? ¿Quién será poderoso a discernir entre esta descomunal algarabía de pareceres y gustos la voz de la razón? Sobre el criterio que da al uso ejecutorias de árbitro y sobre quién sea el moderador de las sentencias que al uso y al abuso guían, ¿cómo opina Cuervo y cómo expone su doctrina en las *Apuntaciones?*

El uso respetable, general y actual (1), según se manifiesta en las obras de los más afamados escritores y en el habla de la gente de esmerada educación, es el que ha de reconocerse como legislador de la lengua y el que ha de representarse por los diccionarios y gramáticas fieles á su instituto.

Pero se objetará: Al uso común, a la costumbre, llama Cicerón (2) depravadísima regla, e incita a que no nos valgamos de ella: *nec utendum pravissima consuetudinis regula.* Mas Quintiliano le contradice (3). *Consuetudo vero certissima loquendi magistra,* la costumbre es maestra certísima del hablar; y Horacio lo confirma llamando el uso (4): *jus et norma dicendi.* Tal disconformidad proviene de que Cicerón se refiere a la costumbre mala, o sea, al abuso, y los otros al uso legítimo o *respetable,* como dice Cuervo; y si no, fijemos la consideración en que Quintiliano define la costumbre *consensum eruditorum* (5).

Este alcance ha de darse a lo que se lee en la Gramática de la Academia española (6):

No siempre el uso afina y perfecciona la lengua.

---

(1) Prol. V.
(2) *Tract de clar orat.*
(3) *Inst. orat* Lib 1 cap 6
(4) *Art. poet* v. 72.
(5) Ibid cap. 45
(6) Edición de 1880, pag. 358.

Robles Dégano limita el *jus* de Horacio de
este modo (1):

Sólo le admito mientras la lengua se está formando, y no cuando ésta ha llegado á su
perfección.

En términos generales y en abstracto esta
restricción antójasenos razonable, pero ¿cuándo se podrá decir que la lengua queda perfecta del todo? Así pues, siempre será razón
estudiar el uso *respetable, general* y *actual* como juez del idioma, entendiéndose que el con-
sentimiento de los eruditos de que habla Quintiliano «se manifiesta en las obras de los más
afamados escritores y en el habla de la gente de esmerada educación» (2). Por lo visto, no
se atrinchera Cuervo en las obras de los siglos
clásicos sino que extiende su criterio compren-
sivo a las de los modernos, pues no basta que
los vocablos y modismos sean de uso respetable y general sino que se practiquen, que
corran en la imprenta contemporánea y no sean
rancios y sin vida.

Tan lejos estamos, pues, de pensar que se deba
escribir hoy lo mismo que en tiempo de los
Felipes, como del extremo opuesto de aceptar las inconsultas innovaciones de aquellos

---

(1) *Ortología clásica*, pág. 5

(2) L c

escritores que, no pudiendo ocupar la atención del público con ideas nuevas, desfigu-
ran y abigarran la lengua con frases y voces exóticas ó estrafalarias (1)

Estos eruditos son principalmente, no exclu-
sivamente, los miembros de la Academia de la
lengua cuando condensan su saber en el diccionario y la gramática oficial, y en escritos
particulares, aunque en ello deberemos andar con
tiento, porque no todo lo *respetable* está en estos trabajos, ni en ellos es *respetable* todo; pues
además de que « las lenguas habladas son orga-
nismos vivientes, y la vida es movimiento y el
movimiento orgánico supone pérdidas y repara-
ciones» (2), también las comisiones de las Academias no atinan a veces con la verdad etimológica y semasiológica de las questiones. En
todo caso, conviene usar de latitudinarismo en
los vocablos neológicos, y de rigorismo en los
neologismos de construcción. Los primeros des-
lustran la lengua, los segundos la matan de
muerte alevosa.

Y ¿podremos saber cuándo los académicos y
los no académicos yerran o aciertan ? Conformes
con los criterios aducidos por Cuervo, valdrán
las enseñanzas de Caro, a las cuales nos remite

---

(1) L. c.

(2) P. F. Monláu. *Memorias de la Real Acad*, t. I, pág 137.

aquel por considerarlas la mejor síntesis sobre esta materia. Habla Caro (1).

> Es bueno el uso contemporáneo cuando acrecienta la lengua sin alterarla, cuando se asimila lo ajeno sin pérdida de lo propio, cuando se ostenta abundante, armonioso, fecundo; y es malo cuando arruina lo que es de casa, y roba, no adquiere lo de fuera, cuando padece pobreza en medio de tesoros que no sabe aprovechar, y descoyunta la lengua en la servil imitación de tipos exóticos; cuando no acierta á renovar lo antiguo ni á eufonizar lo nuevo, cuando de un lado es *desuso* por lo que olvida, y de otro *abuso*, por lo que altera

Cosa buena y grandemente provechosa será que notemos la amplitud de criterio que reina en esta doctrina, que tiende a acrecentar el idioma, a que se exhiba más abundante y fecundo a pesar de que lo es muy mucho, más que todas las romances y lenguas no romances, excepto la alemana; de donde deducimos que es lícito admitir neologismos de redundancia, palabras sinónimas; y por lo tanto no examinaremos con rigor si en el léxico campan o no vocablos con parecido significado que el que se pretende incorporar, sino si dará al len-

---

(1) Dicc , intr XXIX *Del uso en las relaciones con el lenguaje* *Discur acad* de 1881

guaje lozanía y riqueza en algún aspecto por vago que sea. Pues ¿no vemos qué número tan crecido de palabras con significación semejante acoge y patrocina el Diccionario de la Academia? (1). El erudito Juan Mir y Noguera, a quien Cuervo inspiró no pocos aciertos, tuvo la ocurrencia de contar las voces que hay en el Diccionario para denominar a la mujer meretriz, y sumó ochenta y dos; M. F. Suárez de *marrullero* y *redomado* tiene ciento veinte variantes, y de *bobo* cerca de ciento.

Acotemos este texto de Cervantes que viene muy a pelo (2):

> Quedó pasmado don Quijote, absorto Sancho, suspenso el primo, atónito el paje, abobado el del rebuzno, confuso el ventero y finalmente espantados todos los que oyeron las razones del titerero.

¡Qué variedad y qué armonía en la dicción y en el período!

Se le ha tachado al autor de las *Apuntaciones* que recoge palabras malsonantes, incultas y bajas, como no lo hizo jamás Bello. Es por demás frívolo el cargo, pues la índole del libro y su destino sinceran al autor. Porque se propuso éste desterrar del lenguaje culto el grosero y demasiado rústico, necesitaba traer pala-

---

(1) V *Sinónimos castellanos,* por Roque Barcia

(2) *Quijote,* II, 25

bras que no emplearía en un libro para damas
y señoritas asustadizas. ¿Para qué se escriben
los diccionarios de la lengua y obras similares?
Además, es inexacto que en tal libro se citen
palabras obscenas y libres, y si las sugiere
Cuervo, alude siempre al Diccionario de la Real
Academia. Cuando Cánovas del Castillo se en-
tufaba porque quería que la Academia «no re-
cogiese expresiones del arroyo», tenía en mira
no encanallar la lengua; pues lo mismísimo
desea el autor de las *Apuntaciones:* limpiar el lenguaje hispanoamericano, fijarlo y darle esplendor. Previendo los reparos de ciertos descon-
tentadizos, Cuervo puso al frente de todas las
ediciones estas palabras (1):

Deseando, como al principio apuntamos, ser leídos no sólo por los escolares y las personas serias, sino por toda clase de individuos,
nos hemos propuesto hacer grata la lectura
de nuestro libro empleando en él todos los
tonos, ya criticando con gravedad, ya jugue-
teando con festivas vayas, ya copiando lugares de los clásicos, ya con disquisiciones
y conjeturas filológicas, ya patentizando los
errores en que incurrimos con ejemplos pues-
tos de propia cosecha ó sacados de obras
de compatriotas nuestros; pero en todo caso
declaramos que no procedemos con malignidad.

_____

(1) *Prol* IV

Y en otro lugar advierte (1):

Habiendo de tratar aquí de voces corrompidas,
claro es que casi sólo tendremos que habérnos-
las con vulgaridades; si las omitimos, vulne-
ramos los derechos de los más necesitados;
si las presentamos en toda su repugnante
desnudez, disgustamos á los más cultos. Para
conciliarlo todo, nos pareció oportuno ofrecer en nuestras corruptelas un rasguño de
los principales hechos fonéticos que caracterizan nuestra habla popular y que si algunas veces la diferencian de la española actual, en la mayor parte de los casos son continuación de usos antiguos ó evolución pa-
ralela de la lengua en el uno y en el otro lado
del mar.

El doctor Cuervo, además, desciende hasta
lo popular, porque se acuesta con la opinión
de Olózaga que aconseja (2):

Quien no quiera exponerse á deslucir con palabras bajas ó mal sonantes un discurso, no
las profiera jamás

También saca a plaza tales vocablos, ya
para que los maestros y los padres los corrijan en tiempo y sazón, ya también como muestras de cambios fonéticos, pues sucede a veces que el pueblo manifiesta en su pronuncia-

---

(1) *Apunt*, cap X 727
(2) *Estudios*, pág. 230

ción maravillosos procesos de ciencia que principian, viven y terminan en él mismo.

Si esto es desatino, venga Cervantes y lo vea.

Empero hay otros puntos de vista desde los cuales se puede admirar esta obra, conviene a saber: la originalidad y oportunidad con que vino al mundo literario.

En realidad, las naciones de origen español que brujuleaban orientaciones desacertadas en negocio de idioma y educación intelectual, habían menester no tanto corporaciones académicas de nombre, sino académicos de veras, o sea, hombres duchos y laboriosos que aportaran al depósito de la lengua sus conocimientos en forma de libros. Cuervo izó el pendón idiomático de Castilla en la cima de los Andes colombianos, por modo y razón tan singulares, que presto pudo ver en torno suyo una falange de escritores hispanoparlantes, que proseguían la conquista del vellocino de la lengua y rompían lanzas contra los amigos de novedades y contra aquellos que, dejándose dominar por eso que se ha llamado tendencia al menor esfuerzo posible, veían con buenos ojos las espurias producciones de la América literaria, a quien ellos decían representar. Fue el señor Cuervo campeón de esta contienda, y así muy en su punto está lo que él mismo proclama al final del prólogo de las *Apuntaciones:*

Cuando por primera vez se publicó este libro no conocía su autor lo que en otros países de América se había escrito sobre la misma materia, que era muy poco en comparación con lo que hoy tenemos.

El año 1836 vio la luz *Diccionario provincial de voces cubanas* por Esteban Pichardo; y fuera de una media docena de trabajos similares, como la obra del ecuatoriano Cevallos sobre errores comunes del idioma, y *Zizaña del lenguaje* de Orellana, y *Arte de traducir* de Capmany, y *Guía del lenguaje* de Fonoll, poco más formaba la literatura crítica iberoamericana y española, que hoy posee una muy lucida bibliografía, cortada por el patrón y molde de las *Apuntaciones*, y con más o menos éxito propagada por todo el mundo. El tantas veces citado autor de *Papeletas lexicográficas* confiesa (1):

Tal es el origen de este librito, para el que he puesto á contribución también, entre otros americanos aficionados á la lexicografía castellana, autores como Bello, Irisarri y Cuervo.

Y un poco más adelante aprueba y fortalece «la sesuda opinión del egregio Cuervo».

De la influencia del filólogo bogotano en las letras patrias habla así el actual Director

---

(1) *Intr*

de la Academia colombiana sobre el libro *Apuntaciones* (1):

> Es el más leido en Colombia entre los libros científicos; el que ha ejercido mayor influencia en el habla, no sólo de los educados sino aun de las clases populares; libro que contribuyó—dice el señor Cuervo—á excitar en sus paisanos el gusto por las investigaciones filológicas.

Lo cual queda confirmado con la confesión terminante de Lorenzo Marroquín (2):

> Despertó en nosotros la afición á este linaje de estudios el sabio americano don Rufino J. Cuervo, con cuya amistad nos ufanamos y á quien aprendimos á respetar y á querer desde nuestra infancia. Al auxilio de los datos que nos suministró debemos lo que pueda ser digno de atención en el *Ensayo crítico*.

Don Miguel Antonio Caro afirma (3) que el libro de las *Apuntaciones* « suministró muchos datos y explicaciones al Diccionario de chilenismos». El bonaerense Teófilo Sánchez, autor de *Voces y frases viciosas* declara (4) que consultó a Cuervo, y por cierto en este trabajo se observa que muchas palabras emplea-

---

(1) *Revista del Rosario* Mayo 1 ° 1937
(2) *Prol al Poema del Cid. Revista Nal* Julio, 1897.
(3) *Contradiálogo* Lug. cit
(4) Intr

das en la República Argentina son comunes a la de Colombia.

Obras como la de don Rufino José, pero posteriores en su aparición, y marcadas a las claras con el sello del maestro, son entre otras: *Diccionario de peruanismos* por Pedro Paz Soldán, *Reparos al Diccionario de chilenismos del señor Zorobabel Rodríguez* por Fidelis P. Solar, donde saltan a la vista las analogías de no pocas voces que se usan en Chile y Colombia, y la parte que tuvieron en las páginas de *Reparos* las *Apuntaciones;* digno de nota es también el *Vocabulario de la fraseología del verbo echar,* en el que demuestra mucha erudición, al modo de Cuervo, y estudia la riqueza de las construcciones y regímenes que tiene este verbo, tan socorrido en el castellano; *Borrones gramaticales* y *Al través del Diccionario y la Gramática* por Miguel L. Amunátegui Reyes, libro de erudición moderna, que, inspirándose en las obras de nuestro filólogo, cuyas *Apuntaciones* consultó, trae artículos tan magistrales como *Nuevos vocablos y acepciones, El impersonal haber* y *Uso correcto de algunos pronombres.* ¡Lástima que en ortografía sea un rezago del promedio del siglo XIX! Otro imitador de las *Apuntaciones,* y en verdad meritísimo, es don Carlos R. Tobar, Director de la Academia ecuatoriana, quien se propuso introducir palabras quichuas en el

Diccionario de la lengua, rectificar provincialismos, y limpiar el castellano con criterio americanista. Lo malo es que en ocasiones aporta ejemplos no imitables de Selgas, Moratín y otros descuidados. Entre las obras inspiradas por las de Cuervo, según confesión explícita de los autores, o por confesión de hechos, deben figurar *Colección de voces y locuciones viciosas y provinciales que se usan en Guatemala*, de Batres Jáuregui, *Voces indígenas de uso frecuente en Venezuela*, de Aristides Rojas; *Vocabulario río-platense* de Daniel Granada; *Diccionario de las voces chilenas derivadas de lenguas americanas*, de Rodolfo Lenz; *Vicios de nuestro lenguaje* (Nicaragua), del doctor Barreto; *Calepino chilenohispano*, de Febres; *Libro raro, voces, locuciones y otras cosas de uso frecuente en Venezuela*, de Picón Febres; *Voces nuevas*, de Rivodó; *Modismos, locuciones y términos mejicanos*, de Sánchez Somoano; *El castellano en Venezuela*, de Calcaño. Es visto y resabido que la idea de formar un Diccionario de colombianismos procedió de Cuervo y fue recibida con empeño por la Academia. Y por no pecar de pesados, concluyamos con esto (1).

---

(1) *El Cojo ilustrado* número 494, año XXI

Como el lenguaje popular colombiano tiene parentesco íntimo con el de todas las repúblicas hispanoparlantes, muchas de las observaciones de Cuervo son aplicables igualmente á los demás países, y ello contribuyó no poco á la popularidad y al auge que alcanzó este libro, cuya lectura es indispensable al americano que desee hablar el español con propiedad y limpieza

Y lo mejor es que el magisterio de Cuervo se extendió a España, muchos de cuyos varones ilustres son discípulos suyos, entre los cuales contaremos a Cejador y Menéndez Pidal.

¿Cejador y Menéndez Pidal, discípulos de Cuervo? Entre nuestros apuntes conservamos un pasaje de don Julio Cejador que lo confirma:

Yo envidio y trato de imitar—dice Cejador (1) al que tengo por mejor hispanista de nuestro tiempo, á pesar de ser él americano, á don Rufino J. Cuervo.

En carta de 6 de Mayo de 1910 decía Menéndez Pidal a Cuervo, después de consultarle varias cuestiones:

De nuevo acudo á la ciencia y amabilidad de usted para mis continuas dudas.

_____

(1) *España y América* 5 1907 Cart a Julio Saavedra.

Además, ¿no concluyó con tono de gran convicción el académico Fermín de la Puente y Apezechea (1) que era convenientísimo se divulgasen también por España las *Apuntaciones críticas?* Importa aquí recordar los conceptos de Hartzenbusch en la carta-prólogo y que atrás van acotados, mas para remachar el clavo allá va otro muy rico concepto del mismo:

> Estimadísimas deben ser en ese país, como que son sumamente útiles, las *Apuntaciones* de usted: aun lo son en el nuestro. También aquí dicen *almuada, añidir, camapé, desgano, desipela, Getrudis, Grabiel, Inacio, Juaquin, Ugenio, Usebio, jugón, ópimo, reasumir é inclusives.*

Si esto no bastare, traeremos a colación lo que asegura el Padre Mir y Noguera hablando de Cuervo, Bello y otros (2):

> De buena gana confieso que de todos como de maestros me aproveché.

Y vaya el broche de oro:

Señor don Rufino J Cuervo

Madrid, 20 de Marzo de 1886

> Mi respetado amigo y señor. Precioso regalo de año nuevo me hizo usted con la nueva edición de su áureo libro *Apuntaciones crí-*

---

(1) *Discurso de recep de Galindo y de Vera.* 21 Feb 1875
(2) *Prontuario,* etc Intr XXXII.

ticas sobre el lenguaje bogotano. Conocía yo, aunque no poseía, esta obra en sus primeras ediciones, pero la presente viene tan enriquecida y mejorada, que casi puede estimarse como un libro nuevo. Me asombra en éste como en los demás trabajos filológicos de usted la enorme y bien dirigida lectura que en ellos se manifiesta, el tino seguro y casi infalible con que procede en las cuestiones dudosas, la sagacidad con que trae á su propósito las más diversas autoridades, y la lucidez con que las interpreta. Pero lo que admiro más es el método y el rigor científico, que si en toda obra humana son dignos de aprecio, mucho más deben serlo en esta materia de la filología, donde el método lo es todo y sin él se cae irremisiblemente en lo arbitrario, fantástico y caprichoso, de lo que tenemos en España innumerables ejemplos.

Esta obra que para usted no ha sido más que un pasatiempo, y que es sin duda un recreo sabrosísimo para todos los amantes de las bellezas de nuestra habla (puesto que usted no escribe solamente para los bogotanos ni para los colombianos en general ni para los americanos, sino que usted instruye y adoctrina á todos los que hablamos y escribimos el castellano en ambos mundos), acaba de darme idea de lo que será ese monumental Diccionario que usted prepara, y cuyas primicias han llenado de admiración á los pocos que entre nosotros tienen autoridad en estas materias. Dios dé á usted vida, salud y alientos para llevar á cumplido remate y perfección ese *opus magnum*, como de todo corazón lo desea su afectísimo y admirador q. b. s. m.

M MENÉNDEZ PELAYO.

Por manera que la influencia crítico literaria de nuestro filólogo se derramó allende los mares y fue parte a que germinaran en el campo de las letras no pocos libros, entre los cuales pueden pasar *Pobre lengua, ó Catálogo en que se indican más de cuatrocientas voces y locuciones incorrectas, hoy comunes en España*, por Eduardo de Huidobro, amén de otros libros en los que por cierto no se revela don Julio Cejador y Frauca, como algún malicioso afirmó, patinador filológico y marañista de tomo y lomo, cuales son *Tesoro de la lengua castellana; Origen* y *Vida del Lenguaje; Lo que dicen las palabras; Vocabulario de Colonga*, por Vigón; *Dialectos castellanos*, por P. de Mujica; *Vocabulario alavés*, por Baraibar; *El dialecto leonés*, por R. Menéndez Pidal; *Etimologías vascongadas del castellano*, por Carlos de la Plaza y Salazar; *Enmiendas al Diccionario de la Academia*, por M. de Toro Gisbert, y tantos otros que cada día ven la pública luz como resultado de una como fiebre de análisis y revisión literaria que suspende el ánimo de aquel que sigue el curso de la lingüística moderna.

Por de contado que no siempre las enseñanzas que trae Cuervo gustarán a todos, sea por lo escrupuloso y remirado, sea por lo benigno. Alguien nos decía a la oreja, para que lo consignásemos en nuestros apuntes, que la crítica que da en el número 557 no lleva fundamento, pues si es cosa antigua y corriente llamar rosa a la planta que la produce, podrase en virtud de un tropo decir *sembrar rosas*. Rosa según el Diccionario latino español de Nebrija, es la flor y es la mata, y Huerta, lo mismo que Plinio, habla de rosas (no rosales) «bonísimamente *plantadas*». Cejador (1) ejemplifica algún punto sintáctico así: «las rosas florecen». Aun en el supuesto de que rechazara Cuervo sembrar por plantar, la observación no haría al caso, porque los rosales unas veces se siembran y otras se plantan: por los dos procedimientos se obtienen rosas.

Caro dijo de la voz *zurumbático* que era andalucismo, R. M. Carrasquilla que procedía del portugués *sorombático*, pero Cuervo en la última edición da la palabra zurumbático como usada por los antiguos autores Quiñones de Benavente, Diego de Torres y Villarreal, efecto de zumbar y tarumba. *Turumba* dicen en Chile. El Diccionario de la Real Academia y los escritores modernos escriben siempre ta-

---

(1) *La lengua de Cerv.* Sintaxis. 79

rumba. Suministramos estos ejemplos de nuestra cosecha:

Bien se sabe que este asunto
A muchos volvió tarumba (1)

Al hombre más ladino lo volvemos tarumba (2).

El cambio de la *t* por la *z* o por la *s* vese claro por la siguiente doctrina: la silbantización *ce, ci* adoptóla desde el principio el castellano; luego vino la palatización perfecta de *tch* para silbantizarse en *ts* que se escribió con *ç*: çibdad, merçed. Cuanto al fonema *ti* en el bajo latín ya se confundía con *ci*, y al romanizarse, y más al castellanizarse, produjo el sonido *ts; ti* pretónico sonó siempre *ts* y después *z:* y el *ti* latino pasó al castellano con el fonema *ci* y a veces *z: ración* o razón, de rationem; *donación* o donazón, de donationem; el sonido propio de la *z* en lo antiguo, cuando era *c,* equivalía a *ts* insonora, y cuando *z, dz:* redzar, rezar, de recitare; acor, atsor, de actor. Por lo demás, parece ser que el sonido de la *z* era menos silbante que el de la *c.* Arias Montano, escritor del siglo XVI, asegura que en Sevilla ya habían comenzado a pronunciar la *c* como *s;* pero en muchas regiones de España se conservó interdental con

---

(1) Hartzenbusch, *El viaje de Hercules*

(2) Moratín *Escuela de los maridos,* acto I, escena I

acento fricativo como hoy se pronuncia. En las primeras ediciones de *El Quijote* aparecen *çurdo, açufre, çarandaja, çafio, çurron,* etc.

Esta doctrina trae implícitamente José Godoy Alcántara cuando dice que la *z* acabó por anular y absorber a sus dos menos suaves rivales *s* y *t*. Y en nota marginal añade que ya entrado el siglo XIII había pueblos en el riñón de Castilla donde todavía no había reemplazado la *z* a la *t* en el patronímico, v. gr.: Martín Gonzalvet (1).

Acerca de los cargos que Cuervo hace a los hispanoamericanos (2) por su inclinación desapoderada a suprimir la diéresis, notorio es que el espíritu de la lengua latina no les favorece, porque tiende aquel idioma a no diptongar, y de ahí que los antiguos tomaran las palabras sin deformarlas; pero hoy en día, por la tendencia evolutiva del castellano, aun en España corren aires de innovación, y más en los versificadores, quienes diptongan casi todo, no por licencia poética, sino por seguir un como instinto del lenguaje. No obstante, Eduardo de la Barra, aunque llama a Cuervo (3) « el más ilustre de los filólogos colombianos», no se

---

(1) *Ensayo historico, etimológico, filológico, sobre apellidos castellanos,* cap II

(2) *Apunt* cap II, núm 74

(3) *Ensayos filológicos,* Carta á Lenz

arredra ante su prestigio literario y ataca sus
teorías acerca del diptongo.

Se asegura en otro lugar de las *Apuntaciones*
(1) : «que la *h* precedente de cualquiera *f* o de
otras aspiraciones . se aspiraba entre la gente culta lo mismo que hoy entre el pueblo, es
cosa notoria». Y viene de ejemplo *azahar*. Las
siguientes citas parecen opuestas a las de las
Apuntaciones :

> *Ramillete las mejillas*
> *De azahar y nácar mezclados* (2).

En *La Ilustración española y americana* se
registra (3):

> *Adornar tu frente hermosa*
> *con jacintos y azucenas,*
> *con azahares y amapolas.*

Diríamos que obedecían estos ejemplos al
imperio de la rima, si no fueran versos tan
fáciles de construirse con otras palabras.

Indiquemos ahora algunas de las rectificaciones que don Rufino José introdujo en su
obra :

Al número 80 en que figura *puro ambrosía*,
como masculino, pónele esta notita:

Habíamos creido que este *puro* fuese errata,
  pero el siguiente pasaje parece terminante

---

(1) 756, pág 534
(2) Montalván *No hay vida como la honra*
(3) 15, 5, 1884

para probar el uso de este sustantivo como masculino:

Ella es aquel ambrosia regalado
y aquel suave néctar de los dioses.

(J. Bermúdez, *Nise laureada*, act. II, esc. II).

Los mismos, *Flores de poetas ilustres*, tomo II, pag. 74.

En el número 47 se lee:

Siguiendo la doctrina de Sicilia, habíamos dado como la correcta la pronunciación grave *Misisipi, Haiti;* pero nos hemos convencido de que la aguda es la antigua y corriente en castellano. . .

En ediciones anteriores se lamentaba de que no fuera acepción castellana *cobija,* por manta, frazada, y en el principio del XII, *Acepciones que parecen nuevas,* última edición, escribe: «Es voz que cuenta con el apoyo de la tradición literaria y tan autorizada como pueden serlo las que más lo sean».

Lo mismo dice de *bravo,* por enojado, enfadado; de *cosario,* caballo acostumbrado a viajes; de *chamiza,* por chamarasca; de *rancho,* por choza, y de otras palabras al símil.

En el número 729 leemos:

Invención académica puede decirse que es *cañafístula,* en vez de cañafístola, como siempre se había dicho antes de 1817, en que la 5.ª

14

edición del Diccionario, en contra de todos los antiguos y del uso corriente, introdujo aquella forma híbrida, compuesta de caña, castellano, y fístula, latín

Esto es una rectificación de lo que dijo en la edición anterior.

En el número 586 pone:

Así como se llama *golilla* al ministro togado que la lleva, es de creer qne el llamar tinterillo al leguleyo ó rábula, picapleitos, abogadillo trapacero, viene de que los tales llevarían consigo tintero para extender en seguida una demanda, pedimento ú otra cosa de la laya. Es de uso corriente en varios países de América.

Compárese lo acotado con lo que del tinterillo decía en la cuarta edición:

Un diminutivo hay en el lenguaje castellano que siempre nos ha dado choz y es *tinterillo:* ¿qué méritos tiene para suplantar á leguleyo y á rábula?

La locución «voy *donde* Pedro» fue censurada hasta la última edición en que, tras de muchísimas pruebas, el autor concluye, número 483:

De lo dicho resulta que este empleo de *donde* no es de las cosas que afrentan; no obstante, en obsequio de las personas concienzudas, diremos cómo puede reemplazarse en la lengua literaria.

Y prosigue con una buena cáfila de lugares que pueden imitar los meticulosos.

Altozano llamaban los bogotanos el atrio de la catedral hasta que Cuervo quiso; pero habiendo visto que Terreros y Menéndez Pidal (1) daban en el clavo al asegurar que eso estaba bien aplicado, lo reconoció y se corrigió la plana en el número 502.

En el 545 demuestra que estaba errado al censurar *pararse* por ponerse en pie.

En el párrafo VI del capítulo IX al tocar aquel punto en que las acepciones pasan de un dominio sensitivo a otro, de lo material a lo inmaterial, de lo físico a lo moral, apunta así, número 605 y siguientes:

En todas las lenguas abundan ejemplos de lo primero· el castellano *claro,* que propiamente se refiere á la vista, se aplica también al oído; *agrio,* que se refiere al gusto, pasa al oído; *agudo,* que se refiere al tacto, se aplica á la vista, al oído, al olfato; *duro,* que es del tacto, se dice del sonido (verso *duro,* hable *duro).*

Entre nosotros *feo,* propio de la vista, se usa con respecto al gusto: 'El chocolate, el dulce, está feo', esto es, malo, de mal sabor, y al olfato· 'Aquí huele feo', esto es, mal.

---

(1) *Gramática histórica, etc*, pág 99

Aduce en seguida varios comprobantes y para concluír cita el *sapor foedus*, sabor feo, *odor foedus*, olor feo de los latinos.

Estas correcciones y otras ciento—descubrimientos de novedades viejas—fueron causadas por la humildad e ingenuidad del autor, que son dos virtudes de los talentos enamorados de la ciencia, en cuyas aras sacrifican su vida de estudio, y valen para que amemos y admiremos a Cuervo, que tuvo flechado el entendimiento de las ansias inmortales de una sabiduría que empieza y termina en aquel Ente que es síntesis suprema y fecunda de todas las verdades, el Verbo.

Quilates muy subidos adquirieren las *Apuntaciones* en su última reimpresión con los capítulos finales, que abultan el libro en otro tanto más que el volumen de la primera. Dedícalos a dar nociones fundamentales de fonética sometidas al plan general en que juegan voces viciosas colombianas y otras que lo parecen sin serlo, y a aplicarles las correcciones y observaciones del caso, empinándose cien codos sobre el nivel de los talentos mediocres con generalizaciones muy originales que revelan haber en el entendimiento del crítico caudal inagotable. Además de sarpullir las páginas con lecciones fonéticas como las contenidas en los números 46, 52, 123 y 568, con el fin de hacernos conocer los distintivos de los hechos que caracterizan los colombianismos, éntrase de lleno en estos últimos capítulos a examinar la vida de muchas palabras regulada por la relación trópica, por la asociación de ideas en correspondencia con su evolución semasiológica y fonética, siguiendo unas veces el método que llaman lógico y otras veces el psicológico-histórico, ya para que no confundamos ciertas voces parecidas en la formación que los eruditos introducen en la masa común del lenguaje sin apoyo en la tradición clásica, ya para que sepamos acomodar un significado directo a otro indirecto de forma semejante, ya para que conozcamos las voces que han pasado a significar detalles muy accidentales con perjuicio del concepto principal, o para que cuando una misma voz signifique cosas distintas o poco semejantes, con esa falta de proceso lógico que se nota en el habla del pueblo muchas veces, pueda ser conocida en su origen y desenvolvimiento, y también para que veamos cuándo el pueblo generaliza o extiende a varias cosas el significado de un vocablo determinado, y cuándo en virtud del enlace y de la correlación íntima de dos o más conceptos entre sí usurpa a los vocablos la aplicación y los confunde por la fuerza del lenguaje figurado.

Por el capítulo X, en que se analizan muchas voces nuevas desde este punto de vista

fonético, hase ganado don Rufino José una corona de grandísimo sabio. Dice que sin la fonética no se puede dar un paso en las disciplinas filológicas, y con razón, porque de la etimología y de la morfología es ella base científica que
estudia los cambios fónicos por los cuales va evo-
lucionando el lenguaje y trasformando los caracteres morfológicos que fundamentan las leyes según las cuales se rige el idioma, en cuyo
organismo estático influye la dinámica del progreso, y como resultado de esa contienda viene la supervivencia del elemento popular sobre el literario, es decir, el genio de la lengua
triunfando sobre la reacción erudita. El acento
es a la palabra lo que la savia a la planta,
es algo así como el centro de gravedad que
regulariza las energías concurrentes de la materia repeliendo o atrayendo los componentes
silábicos y las articulaciones fónicas, de suerte que la acentuación, al combinar el ritmo y
el timbre vocal, modifica los vocablos, altera
las letras, traba las formas, cuya cohesión o
da sonoridad a los fonemas o los oscurece,
siendo siempre la razón fisiológica de este desenvolvimiento articulativo la tendencia al menor esfuerzo posible en la pronunciación de las
letras. La sílaba acentuada atrae y rige las otras
inacentuadas, y, conforme sea la vecindad de
los sonidos musicales, resultan distintos los
efectos de la acentuación· se neutralizan, se ro-

bustecen, se aniquilan, se cambian, se embeben, se esfuman las letras; el grado cromático de la voz márcales cantidad prosódica y determina el vocalismo progresivamente unas veces y regresivamente otras, conforme haya concurrencia inmediata de vocales o vayan separadas por consonantes o por grupos.

Ejemplos de todas estas formas vense superabundantemente en este capítulo, donde se da la explicación de los trastrueques observados en el habla popular de Colombia. Allí se trata de la tendencia originaria de la lengua a oscurecer ciertas vocales como la *i*, que tira a convertirse en *e*, la *o* en *u*. Nótase esto en los escritos de Santa Teresa especialmente; fenómeno que se desarrolla muy a las claras el día de hoy entre los campesinos del Valle de Tensa, en Boyacá, como se desarrolla de preferencia en Asturias y Galicia. Asímismo la palatalización de la *ll* al convertirse en *y*, ofrece un caso de alteración incondicionada, muy corriente en Antioquia, Tolima, región litoral del Pacífico y Caribe, Casanare y varios Estados de Venezuela, principalmente en los de Apure, Guárico, en los de la costa marítima, y en Cuba y Puerto Rico. Este trueque y el de la *s* por la *c* serán de fijo casos que diversificarán los futuros dialectos hispanoamericanos.

Seguir analizando, siquiera someramente los profundos abismos de la ciencia de Cuervo es tarea más que difícil, y quien pretendiere no pisar las huellas de tan eximio maestro en puntos cuestionables, tiene que ser un Ford, un Meyer Lubke o un Tannenberg. En *Romania* XVIII, p. 529, en *Bulletín hispanique* IV, p. 210 y en la réplica a la entrega final, año 1894, del *Zeitschrift für romanische Philologie* hay pruebas de lo arduo que resulta no opinar como él opina.

Ya que no somos capaces de llegar al fondo, a fin de que entrevea tan insondable labor quien tiene la desdicha de no haber leído la última edición de las *Apuntaciones*, transcribiremos el índice del capítulo X, que es como sigue:

Alteración incondicionada. *i, u>e, o, l>r, r>l; d>r, r>d, d>l, l>d; r>rr, rr>r, j>g; ca> ga;* explosivas sordas al fin de sílaba; palatalización, *ll>y*; vocalización de las consonantes; consonantización de las vocales; desvanecimiento de las consonantes sonoras; aspiración de las sordas; *s* sonora palatatizada; *x* (*ch* francesa); *z=s.* —Alteración condicionada contracción de vocales consecutivas; asimilación y disimilación parcial de las mismas, asimilación total y parcial de consonantes consecutivas, absorción de la consonante por la vocal contigua; asimilación parcial de la vocal á la consonante contigua; asimilación y disimilación de vocales separa-

das; acción de ciertos diptongos sobre una
vocal anterior; epéntesis y síncopa de vocales á influencia de otra próxima, asimilación
y disimilación de consonantes separadas; me-
tátesis; anaptixis; absorción; haplología.—Fonética sintáctica, y otros hechos fonéticos.—
Reacción erudita contra la pronunciación popular antigua.—Restauraciones erróneas.

Todos estos puntos, que tanto nos contentan,
desarrollados con maestría y copia de razona-
mientos y aplicaciones usuales, confiesa el mismo que son un rasguño de la fonética y de la
semasiología y que no obedecen a una clasificación científica. Pues ¿qué tan grande será la
mina de su sabiduría cuando son tales los ras-
guños, y qué de conocimientos poseerá si la
clasificación de estos tratados no le satisface?
Ex ungüe leonem, o según reza el refrán español,
como el cuervo tal el huevo.

Prosigue el autor de las *Apuntaciones* con las
Voces nuevas, capítulo XI, y explica, como
él sabe hacerlo, la acción psicológica en la
formación de las palabras que por razones
analógicas se cruzan con ideas conocidas, y
en virtud de lo que llamamos afijos expre-
san nuevas relaciones y cosas. Infinidad de colombianismos, y, en general, de americanismos
reciben explicación en estas páginas, y vese
en ellas la tendencia reaccionaria del pueblo
a conservar los procedimientos primitivos del

castellano y los ecos de muchas voces que, si en la metrópoli se extinguieron, resuenan aún en las concavidades de los Andes. El capítulo XII, que contiene *Voces nuevas* provenientes de las lenguas americanas y de otras lenguas, es digno del anterior y cierra la obra con tal erudición y novedad, que deja a uno como aliquebrado, y le incita a preguntarse a sí mismo no qué era lo que sabía Cuervo, sino qué era lo que no sabía.

Las naciones hispanoamericanas, asegura él (1), así por razón de sus climas y zonas como de su constitución política, tienen muchos objetos que les son peculiares, y cuyo nombre pertenece por fuerza al caudal común de la lengua· pretender, pues, hallarles equivalentes castellanos sería tiempo perdido

Con efecto, existen en muchos de estos países objetos representados por vocablos, digámoslo así, internacionales, sobre todo los pertenecientes al reino animal y al vegetal, cuya nomenclatura principalmente fue tomada de Haití y de Tierrafirme por los conquistadores que allí establecieron la primera colonia y de donde se partían a nuevas regiones en que echaban de ver los mismos objetos y productos que en la zona antillana, conocidos ya por ellos con el correspondiente nombre indígena.

---

(1) *Pról.* VII

Así explica el señor Cuervo que en distintas
y dilatadas regiones tengan estas cosas unos
mismos nombres. Los colonizadores pusieron
además su contingente denominando ciertos objetos con nombres castellanos, cuando descu-
brían alguna semejanza con los ultramarinos,
y también recogiendo los nombres de usos y
costumbres de aquellos a quienes iban conquis-
tando; y así, todo barajado con viajes y noticias y relaciones de unas a otras partes, dio por
resultado largo número de voces americanas sin
equivalencia en la España de Cervantes. Aparte
de esta fuente de voces neológicas, hay en el
Nuevo Mundo otra cuyo origen está en los colonizadores, quienes oralmente esparcieron por
las colonias muchos vocablos que se estilaban
por los siglos XVI y XVII en la metrópoli, y
ahora olvidados allá, por acá entre el pueblo
viven sin interés para los amantes de la literatura moderna, pero que son como pildorillas de
antiguedad concentrada que saben a gloria a
los verdaderos filólogos.

Debido a las muchas muestras que Cuervo
ha exhibido ante los académicos y sabios de
España, han dirigido éstos la vista a las ex
colonias sosegadas y traspuestas como Colombia buscando ahincadamente aquellas reliquias
de tiempos idos que formaron el patrimonio
lingüístico legado por nuestros antepasados.
En una carta excitábanos don Miguel Mir a

que formásemos «una colección de papeletas sobre palabras, frases, refranes, etc., españoles antiguos ya desusados por acá y que, llevados a América por españoles, duran todavía allá. Debe de haber—agrega—mucho de eso en esa tierra, y, aunque deformados a veces, son un tesoro para el Diccionario».

Verdaderamente a hermosear el léxico con ilustraciones americanas, a enriquecerlo con giros y términos exclusivos de las colonias y con aquellos que en el fondo de las arcas maternas guardamos como las mejores joyas de nuestra herencia, deben tender los esfuerzos de los hablistas y escritores, como tendieron los del autor de las *Apuntaciones*, quien descubrió en este campo muy ricos veneros.

Aquí donde se oye entre los campesinos *vide, trujeron, asina, mesmamente, semos, salí, tomá, aguaitá, mandalé*, como se oía en España en los siglos de oro y aun se oye en los lugares de las provincias de Castilla, consérvanse muy corrientes también voces como songa, cazcorvo, soberado, pompo, ringorrango, cocho, maquila, pucho, falla, afrecho, ñato, pila (fuente) que ya no se estilan en el lenguaje de allá, ni entre las personas cultas ni entre las vulgares, aunque algunas aparecen en el Diccionario.

Palabras de semejante importancia y las que significan frutas, animales y productos de la

fauna, la flora y la geología hispanoamericanas, distintas de las de España, tienen plenisimo derecho unas a entrar y otras a conservarse en el Diccionario general de la lengua
cuando las voces son comunes a dos o tres
repúblicas con igual o parecida significación.
Menospreciar estos americanismos es infringir
las leyes de la justicia y de la equidad literaria, no mirar a lo porvenir, encerrarse dentro de una muralla chinesca y por ende renunciar a la supremacía directiva de un negocio
de mucho momento, que, siendo literario, se resuelve en político social. ¿Acaso algunas repúblicas sin tardar mucho, no igualarán a la madre patria en importancia internacional? ¿Varias de ellas confederadas no la sobrepujan?

No obstante, véase el interés de la Real
Academia, según esta carta dirigida a Cuervo
en 1873 por tres muy distinguidos miembros
de la Comisión de Academias correspondientes:

De las tareas literarias de usted, ya independientes de su carácter académico, ya principalmente de las que tengan este sello literario,
de algunas notas biográficas suyas para nuestros Registros, de su propia fisonomía, pidiendo á usted á este efecto su retrato, de
cuanto en fin puede contribuír á enlazar su
nombre con el de esta Academia Madre, y
con nosotros como sus hermanos; de todo
pedimos á usted la más pronta, cabal y cons-

tante participación que le sea dable comunicarnos.

Todo nos será de gran precio, estrechando relaciones de fraternidad que sobreponiéndose á los estrechos, aunque respetables límites de la nacionalidad respectiva, formen otra patria común más extensa y no menos ilustre y amada, entre los que venidos de una raza, con una misma lengua, somos hijos de la misma civilización

Cierto es que las puertas están ya abiertas, y que la Academia acoge trabajos americanistas para mejorar el Diccionario, empero las quisiéramos abiertas de par en par o a lo menos pediríamos entrada para otros muchos vocablos que han sido rechazados por bárbaros, por revesados y desconocidos.

Oigamos a Cuervo (1).

La extrañeza que pueden causar los términos que no se han oído, está generalmente en relación con el grado de la cultura literaria; y muchas veces esa extrañeza, natural en el indocto, es ridícula para el literato Cuando una lengua se habla en vastas regiones, la universalidad de todos los términos es todavía menos posible, y para dar por buenos los que no son de todos conocidos, sólo se requiere el que sean aceptados por un número considerable de personas cultas. Voces propias de la lengua que admite la buena

(1) *Apunt* Cap IX 709.

sociedad de Méjico ó de Lima no pueden calificarse de anticuadas sino por quien sea completamente ignorante de estas materias y tenga la obcecación de pretender que los americanos no han salido de la triste condición de colonos.

Elévese esta doctrina a términos generales y se verá que no sería fundado rechazar del Diccionario las voces usuales en dos o tres países por muchas y raras y desconocidas que sean en España y en otras nacionalidades de lengua castellana. O vamos muy fuera del camino o esto es lo mismo que enseña Cervantes (1):

> Y cuando algunos no entiendan estos términos importa poco; que el uso los irá introduciendo con el tiempo, que con facilidad se entienden, y esto es enriquecer la lengua, sobre quien tiene poder el uso.

Por tal arte y traza se aquietarían las ansias de los hispanoparlantes, quienes se considerarían partícipes de las glorias de un idioma que es por su importancia internacional uno de los impulsores más universales de la cultura. Y no caerían en la tentación de crear ninguna *Academia de la lengua americana* como lo pretendió en 1825 *La Miscelánea* de Bogotá, a virtud de una *federación literaria*, en la

---

(1) *El Quijote* part II, cap 4

cual se prescindía de España en todo y por todo; pensamiento que con palabras muy disfrazadas revivió en *Frases y voces viciosas* el señor Sánchez cuando opinó ser «lo más práctico e imprescindible fundar una escuela americana, uniformar el idioma, dar cabida a todas las palabras útiles o precisas, publicar periódicamente un Diccionario y dar a la lengua el calificativo de hispanoamericana».

Mejor acuerdo tienen los que envían sus observaciones y estudios a la Academia española para que se aproveche de ellos en bien de todos; Venezuela, Méjico, Chile, Ecuador, Perú, Colombia y otras repúblicas aportaron su contingente para la edición 13.ª del Diccionario. En 1895 publicó don Ricardo Palma *Neologismos y americanismos*, opúsculo en el que propuso 500 voces para el Diccionario de la Academia, y en la última edición de éste fueron incorporadas casi la tercera parte, es decir, 144; muchas eran de origen quechua, cuya ortografía fue mudada por la Academia, algunas eran también colombianismos. El mismo autor proclamó en *Papeletas lexicográficas*, año 1903, que hacían falta todavía en el Diccionario 2700 voces.

Ojalá también hagan caso a esto que propone el señor Suárez (1):

---

(1) *El Castellano en mi tierra* Discurso. Pág 23

Muchos de esos nombres como *auyama, arracacha, caimito, dividivi, frailejón, guácimo, guagua, guacharaca, hicotea, totumo,* se usan simultáneamente en varias repúblicas, especialmente en las tres bolivianas, y parecen reclamar un lugar en el Diccionario, previo el estudio simultáneo del naturalista y del lexicógrafo. Lo propio es de observar en cuanto á los nombres castellanos aplicados en España y en América á objetos relacionados meramente por semejanzas más ó menos débiles, como *algarrobo, berenjena, ciruela, madroño, mora, nispero, olivo, pepino, piña,* cuyas diferencias quizás merecieran fijarse.

Recordemos ahora aquello del Informe del Secretario de la Academia del año 1910:

Para la duodécima edición se enviaron no pocas (adiciones y enmiendas), así por parte de la Corporación como de la de algunos de sus individuos, envío que fue acogido por la Real Academia con vivo agradecimiento y utilizado de manera satisfactoria.

En esto sí que deberían esmerarse muy mucho los iberoamericanos; la risa, por no decir el rubor, que excita el ver cuál define la Academia muchos objetos de este linaje es para tomada como presagio de que los eruditos elaborarán sus trabajos convenientemente con el fin de que no salgan ya a la vergüen-

za pública tantos despropósitos y vaguedades
tan supinas. Dice el léxico oficial que *chicha*
proviene del latín *zythum* (¹), *ñame*, que es
voz del Congo, sin acordarse de que lo es de
Colombia, Venezuela, Ecuador, Cuba; *mapana-
re, mapurito, chimó, carache o carate, guaná-
bana,* tráelas como voces de varias repúblicas sin mencionar a Colombia. Pues ¿habránse
visto definiciones tan descabelladas como la
de *Guadúa* (así, con acento), la de *gallinaza*
y la de *guacamayo,* por no citar muchos otros
americanismos? Por el honor del Nuevo Mundo
y de sus sabios urge llevar una clasificación y
definición científica de estas cosas al Diccionario de la lengua, no sea cosa que se rían
los naturalistas y los aristarcos venideros más
de lo que se han reído los presentes.

Regístrase en el *Repertorio colombiano,* tomo IX, un artículo de Sandino Groot, sobre
plantas americanas y sus nombres vulgares y
científicos, así como también se publicó en Méjico *Morfología de las raíces de las plantas* por
G. Gándara, que marcan rumbos interesantes
sobre esta materia; y en el seno de esta Academia existen hombres de ciencia como el doctor
Liborio Zerda, con cuya cooperación se lograrán
opimos resultados.

La Academia colombiana publicó en el *Anuario* un artículo sesudo sobre todo encarecimien-
to dividido en dos partes; la primera contenía

observaciones generales acerca del Diccionario de la Real Academia, undécima edición, que tenían por objeto indicar algunas reformas y mejoras; la segunda proponía acepciones y voces nuevas que se echaban de menos. En las ediciones duodécima y décimatercia nótase que tuvieron en cuenta los académicos de la Española las observaciones de los académicos de la Colombiana.

Así es como el orden y la justicia pondrán sus reales allá donde la mano infecunda de la ignorancia quería construir alcázares de rebelión. De la acción de las Academias correspondientes dependerá el éxito, porque son y serán la salvaguardia de la lengua al guardar este lema: la unidad idiomática en la variedad dialéctica.

Dentro de los trabajos trascendentales cuyo objeto es depurar y aumentar la lengua común, caben otros de más limitada importancia que tienden a recoger los provincialismos de cada nación o república para formar vocabularios en que se vean las diferencias establecidas en las distintas comarcas, y así se aprenda a discernir el lenguaje familiar del vulgar y del literario, y se depure la prensa periódica de las provincias, y no se contamine la de la capital, y se observe qué palabras van aceptándose y predominando como dignas de figurar en el estilo elevado y culto.

La universalidad del uso, advierte Cuervo (1), en cuanto al espacio no abona todavía los términos, si éstos no cuentan con la sanción de la buena sociedad Voces hay que se ennoblecen, voces que se aplebeyan, y en cada caso la educación y el trato pueden enseñar su uso; pues el vulgo casi siempre estacionario en cosas parecidas, no suele seguir este movimiento.

A este propósito afirma Picón Febres (2):

Las lenguas indígenas de América no corrompen el castellano, sino que lo enriquecen. En el Diccionario de la Academia española abundan ya vocablos de esas lenguas, lo cual quiere decir que no tienen tacha alguna y que el uso los impone de una manera completamente irresistible.

Hé aquí cómo surge la necesidad de formar el *Diccionario de colombianismos*, idea que lanzó el autor de las *Apuntaciones* de esta suerte (3):

La formación de un Diccionario completo de los provincialismos de la nación exigirá la ayuda de muchos colaboradores juiciosos é ilustrados, y es tarea que sólo podríamos emprender en el caso de ver aprobada por el público la presente.

---

(1) *Apunt* Cap IX, 709.

(2) *Teatro crítico venezolano*, n. 1.

(3) Pról III

Esto decía en la segunda edición, pero en la última se lee:

> Es tarea que sólo podríamos emprender en el caso de disfrutar de un ocio cada día más difícil de lograr.

Puede descansar en paz el laborioso filólogo que todo lo quería hacer en grande y perfectísimo, pues la Academia colombiana acogió tal idea y por boca de su Director nos la reveló en la respuesta al discurso del doctor Liborio Zerda al recibirse miembro de número de la Academia.

Por supuesto que en dicho léxico no gozarán de acogida, y nadie se queje de ello, las voces bárbaras, que manchan los labios de quien las pronunciare, pues los vulgarismos no pueden pasar como colombianismos. El maestro Cuervo los distingue claramente y enseña (1):

> Los vulgarismos, que sólo por la esfera social á que pertenecen están proscritos del lenguaje culto y marcados con la nota del solecismos ó barbarismos, jamás tienen cabida en el Diccionario.

Para ello servirán muy bien los manuscritos que poseía Cuervo y los trabajos inéditos y públicos de los particulares que laboran en

---

(1) *Dicc* Intr , pág XXX.

estas materias, porque la Academia de Colombia solicita y agradece toda colaboración patriótica. Trabajos como *Memoria sobre el cultivo del maíz en Antioquia,* los estudios de Isaacs, los de Ruperto Gómez, los de Pimentel y Vargas, los de Uribe Uribe, los de Suárez y los de otros que cultivan el *Folklore* colombiano serán consultados con provecho En la humilde obra que acabamos de publicar *Idiomas y Etnografía de la región oriental de Colombia* figura un apéndice con el mote de *Colección de romances y cantos llaneros* abundante en términos y giros casanareños; allí hemos explicado el origen de algunos nombres geográficos e históricos sacados de los vocabularios indígenas; como son, entre otros, Chita, Támara, Orocué, Casanare, Tame, Nunchía, que aparecen ya libres de la oscuridad etimológica en que yacían envueltos, Empero el libro príncipe como materia del Diccionario, será sin duda alguna el de las *Apuntaciones*, sobre todo sus tres últimos capítulos, tres arcas incorruptibles que contienen los más ricos valores de la tesorería de nuestra lengua.

Y basta de *Apuntaciones*.

Esta obra se exhibió ante el mundo científico en 1872 cual aprovechada y linda colegiala que prometía múltiples frutos de vida, y en 1907 cual matrona en la plenitud de la vida, rodeada de hijos y netezuelos que llevan marcadas en la fisonomía las influencias hereditarias de su origen. La progenie, empero, que más honrará a la madre es el libro póstumo que corre anunciado de esta conformidad (1):

Cuando por primera vez se publicó este libro no conocía su autor lo que en otros países de América se había escrito sobre la misma materia, que era muy poco en comparación de lo que hoy tenemos. Confrontando, de entonces acá, el estado del castellano en los varios Estados del Nuevo Mundo y con el habla popular española, ha visto que hay un caudal común antiguo, que no puede ser otro que el habla corriente de los siglos XV, XVI y XVII, llevada por los conquistadores y por los colonos que le siguieron, y de que nos dan idea los libros y manuscritos de aquellos tiempos, en especial los de los cronistas de las cosas de América y los vocabularios de las lenguas indígenas. Este fondo popular ha conservado la mayor parte de sus caracteres propios, mientras que la lengua literaria y la culta que obedece á su influjo, van cada día alejándose de ellos por la acción pedantesca de los latinizantes é imitadores de lo extranjero. Mas siendo tan imposible fijar una lengua literaria como una familiar ó popular, se han introducido poco á poco alteraciones del uno

(1) *Apunt* , Pról al fin

y del otro lado del océano, ya paralelamente, conservándose la unidad, ya en direcciones divergentes, con lo que se ha desnivelado el fondo común Así la causa de las diferencias que hoy se notan, reside unas ocasiones en España, otras en América Fuera de esto, en la Peninsula los dialectos ó peculiaridades provinciales, si bien van cediendo á la invasión de la lengua de la capital, centro natural de la cultura y de la administración, no dejan de ejercer su influencia en el idioma nacional, en fuerza de la misma comunicación que los va desvaneciendo. En América también, aunque por diversa manera, dejaron vestigios las hablas locales de la Metrópoli, á causa de las diferentes procedencias de los conquistadores y colonizadores; y además los han dejado las lenguas indígenas, ya dando nombres para objetos antes desconocidos, ya comunicando otros de cosas familiares por el trato con los naturales en la vida ordinaria.

A la luz de estos hechos venían á ser las *Apuntaciones* como fragmento de una obra más vasta que mostrase la evolución del castellano en sus anchos dominios, y en que apareciesen reunidas en conjunto armónico y ordenadas conforme á las causas fisiológicas, psicológicas é históricas que determinan el movimiento del lenguaje, las investigaciones largas y escrupulosas, que han sido necesarias para llegar á los resultados sumariamente

apuntados arriba. Esta obra, ya muy adelan-
tada, que llevará por título *Castellano popular y Castellano literario*, ha hecho que el
autor olvide las *Apuntaciones*, que están ago-
tadas hace muchos años.

Ahora bien, si las *Apuntaciones* resultan apenas fragmento de una obra más vasta según el
mismo Cuervo, *Castellano popular y Castellano
literario*, que no conocemos aún, ¿qué tal será?
Lenz, que la conocía confidencialmente, contesta (1):

Cambiará de un día al otro el aspecto de la filología hispanoamericana, y será para los ro-
manistas europeos la revelación de un nuevo mundo científico.

Perfectamente ha obrado, pues, la Academia
colombiana en retardar la publicación del Diccionario de colombianismos, porque esta obra
de don Rufino José entrará en provecho a todos los que trataren del americanismo literario. Por eso cuando vimos el tomo segundo de
Anuario de la Academia colombiana sin tales
trabajos, nos alegramos de firme.

Punto final: Cuervo podía decir de sí como
Leibniz a Placio en carta de 21 de enero, 1696:
Qui me non nisi editis novit, non novit.

---

(1) *Diccionario etim.*

Indice

I

II

Fin del tomo I

ʚ